Der Kölner Dom

Cologne Cathedral / La cathédrale de Cologne

Cologne Cathedral

A Gothic cathedral in pictures and tales

Photographs by Csaba Peter Rakoczy and Heiko Specht

Written by Carl Dietmar

With a foreword by Dompropst Bernard Henrichs and an introduction by Cathedral Architect Arnold Wolff

La cathédrale de Cologne

Images et histoires d'une cathédrale

Photos de Csaba Peter Rakoczy et Heiko Specht

Racontées par Carl Dietmar

Avec une préface du Dompropst Bernard Henrichs et une introduction de l'architecte en chef Arnold Wolff

Der Kölner Dom

Bilder und Geschichten einer Kathedrale

Fotografiert von
Csaba Peter Rakoczy und
Heiko Specht

Erzählt von Carl Dietmar

Mit einem Geleitwort von
Dompropst Bernard Henrichs
und einer Einführung von
Dombaumeister Arnold Wolff

J.P. Bachem Verlag

Die Übersetzungen übernahmen:
Christine Ammann (Koordination), Tom Funke und
Andrew Rylands (Englisch), Marie-Noëlle Ryan (Französisch)

Die Deutsche Bibliothek – CIP-Einheitsaufnahme

Der Kölner Dom : Bilder und Geschichten einer Kathedrale / Carl Dietmar ;
Csaba P. Rakoczy ; Heiko Specht. Mit einem Geleitw. von Bernard Henrichs.
– 1.Aufl. – Köln : Bachem, 1997
ISBN 3-7616-1341-5

1. Auflage 1997

Einbandgestaltung und Layout: Heike Unger, Köln
Reproduktionen: Reprowerkstatt Wargalla GmbH, Köln
Druck: Druckerei J.P. Bachem GmbH & Co.KG Köln

Printed in Germany
ISBN 3-7616-1341-5

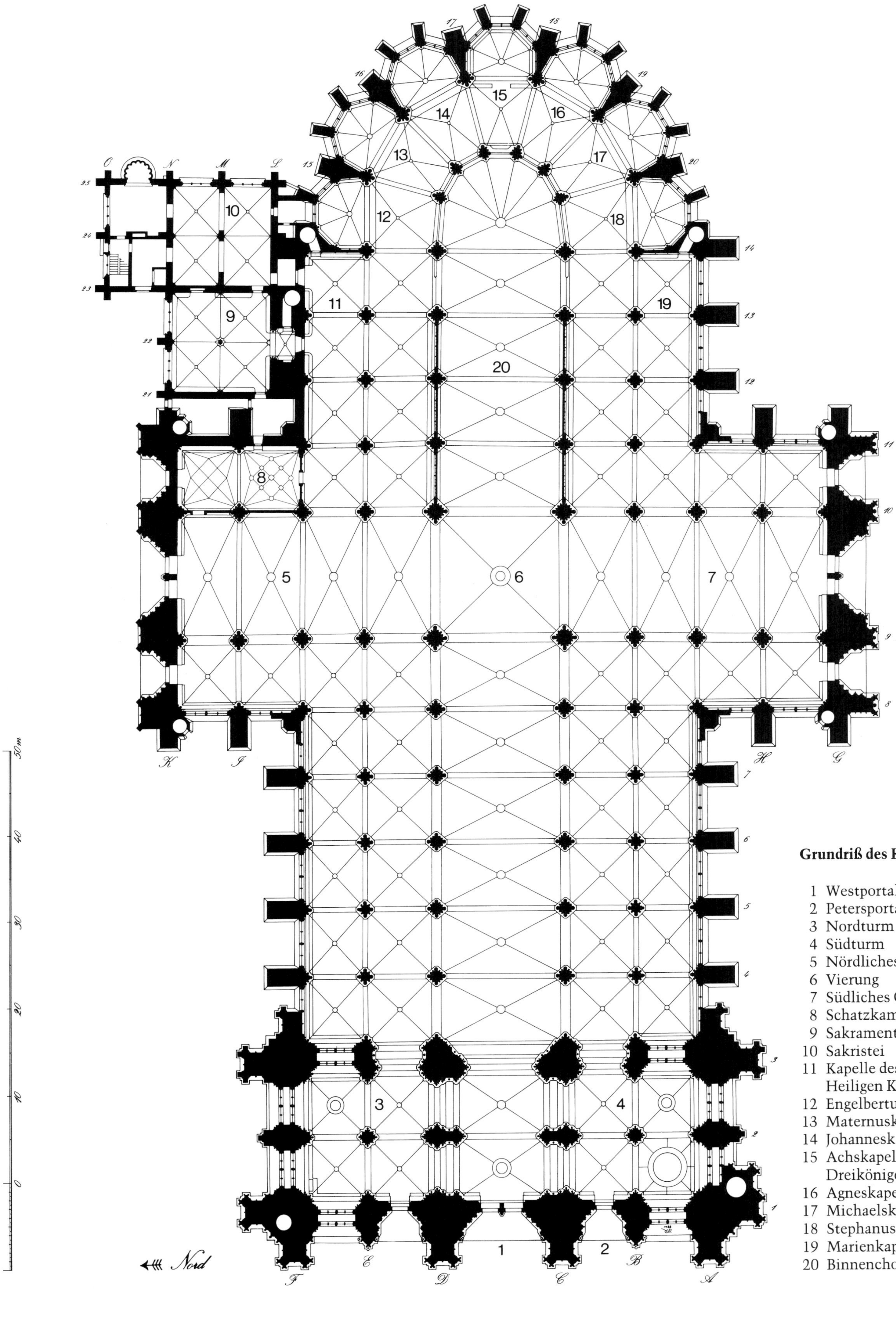

Grundriß des Kölner Domes

1 Westportal
2 Petersportal
3 Nordturm
4 Südturm
5 Nördliches Querhaus
6 Vierung
7 Südliches Querhaus
8 Schatzkammer
9 Sakramentskapelle
10 Sakristei
11 Kapelle des Heiligen Kreuzes
12 Engelbertuskapelle
13 Maternuskapelle
14 Johanneskapelle
15 Achskapelle oder Dreikönigenkapelle
16 Agneskapelle
17 Michaelskapelle
18 Stephanuskapelle
19 Marienkapelle
20 Binnenchor

Am 15. August 1248 legte der Erzbischof Konrad von Hochstaden den Grundstein zu einem neuen, großen gotischen Dom, denn die Reliquien der Heiligen Drei Könige brachten mehr und mehr Pilger in großer Zahl nach Köln. „Volk und Klerus feierten den Tag der Himmelfahrt Mariens", heißt es in der Koelhoffschen Chronik. Daß es mehr als 600 Jahre dauern würde, bis das große Werk seiner Vollendung zugeführt werden konnte, ahnte wohl niemand in der unübersehbaren Menge, die gekommen war, die Bedeutung dieses Tages für das gesamte deutsche Land zu bezeugen, allen voran der deutsche König Wilhelm von Holland, der König von Böhmen, Herzöge, Grafen, die Erzbischöfe von Mainz und Trier sowie zahlreiche Bischöfe und Prälaten aus dem Rheinland.

Im 19. Jahrhundert sollte endlich die noch unvollendete Kathedrale fertiggestellt und auch zu einem deutschen Nationaldenkmal werden. Für die Kölner war und ist der Dom jedoch stets mehr als ein großes Bauwerk, mehr als ein Wahrzeichen der Stadt gewesen. Er verkörpert bis heute kölnische Identität, Religiösität und Festigkeit im Glauben. Er ist ein Zeichen himmelstrebender Hoffnung, ein Haus des Gebets und der Gottesverehrung.

Viele Bücher sind über den Dom schon geschrieben worden – ein weiteres liegt nun vor, das die Geschichte der Kathedrale aus einem anderen Blickwinkel würdigt. Für das Metropolitankapitel der Hohen Domkirche war es eine angenehme Selbstverständlichkeit, den Autoren mit Rat und Tat beizustehen, und wir freuen uns über das gute Werk.

Dompropst Bernard Henrichs

With more and more pilgrims flocking to Cologne each year, drawn by the relics of the Three Magi, Archbishop Conrad von Hochstaden laid the cornerstone of a new and mighty Gothic cathedral on August 15, 1248. On this day, according to the Koelhoff Chronicle "...both the citizens and the clergy of Cologne celebrated the Assumption of the Blessed Virgin Mary." Many prominent characters attended the celebrations that day, including the German King Wilhelm of Holland, the King of Bohemia, various counts and dukes, the Archbishops of Mainz and Trier, as well as numerous bishops and prelates from the Rhine region. However, of the multitudes gathered that day to witness one of the most significant events for the whole of Germany, not one of them could imagine it would take more than 600 years for the mighty work to be completed.

The unfinished cathedral was to become a German national monument in the 19th century. But for the citizens of Cologne, the cathedral was – and indeed still is – far more than simply a colossal structure, and far more than just a trademark of the city. Even today, that grand edifice still embodies the identity, the religiousness and the strength of faith of the citizens of Cologne. It is a symbol of aspiring religious hope, a house of prayer and divine worship.

Many books have been written on the subject of Cologne Cathedral. However, this particular work pays tribute to the cathedral's history from a different viewpoint. For the Metropolitan Chapter of the High Cathedral Church, it was a pleasant matter of course to provide the authors our help and advice, and we are delighted with the fruits of their efforts.

Le 15 août 1248, l'archevêque Conrad de Hochstaden posait la première pierre d'une nouvelle grande cathédrale gothique, construite pour accueillir les pèlerins de plus en plus nombreux venus vénérer les reliques des trois Rois Mages. « Le peuple et le clergé fêtèrent le jour de l'Assomption » comme le raconte la chronique de Koelhoff. Des innombrables personnes venues attester de l'importance de ce jour pour l'ensemble du peuple allemand, au premier rang desquelles le roi allemand Guillaume de Hollande, le roi de Bohême, de nombreux ducs et comtes, les archevêques de Mayence et de Trèves ainsi que plusieurs évêques et prélats de Rhénanie, nul ne se doutait alors que la construction allait devoir attendre plus de 600 ans avant d'être terminée.

La cathédrale inachevée allait enfin être complétée au 19e siècle et devint même un monument national. Pour les habitants de Cologne, la cathédrale a toujours été plus qu'une gigantesque construction ou un symbole de la ville ; elle incarne l'identité de Cologne, la religiosité et la persévérance de la foi de ses habitants. Elle est un signe d'espoir tourné vers le ciel, une maison de prière et de vénération divine.

De nombreux ouvrages ont été écrits sur la cathédrale de Cologne ; en voici maintenant un nouveau, qui nous offre cette fois un point de vue différent sur son histoire. Le chapitre métropolitain de la grande cathédrale a été honoré d'assister les auteurs dans leur travail et nous nous réjouissons d'un si beau résultat.

Arnold Wolff

Geschichtsquellen zum gotischen Dom in Köln

Der Besucher des Kölner Domes, der nicht nur das Bauwerk und seine Kunstschätze auf sich wirken lassen will, sondern auch zur Geschichte der Kathedrale etwas erfahren möchte, kann sich leicht und schnell verschiedene Bücher und Hefte kaufen, in denen er eine ausführliche Darstellung der Entstehung des gewaltigen Bauwerkes findet. Nur wenige jedoch machen sich Gedanken darüber, woher die Verfasser dieser Publikationen ihr Wissen haben, wo zum Beispiel die Urkunden zu finden sind, die die vielen Daten überliefern.

Natürlich gibt es Kirchenarchive, in denen sich alle Unterlagen seit dem Mittelalter erhalten haben, geordnet in stabilen Kartons und von Wissenschaftlern bearbeitet, wie etwa bei der Stiftskirche St. Viktor in Xanten. Hier kann man noch heute die Geschichte der Erbauung jedes Pfeilers einschließlich der ausführenden Künstler und Handwerker sowie der genauen Kosten finden. Doch leider ist dies in Mitteleuropa fast das einzige Beispiel. In den meisten Fällen sind nur wenige Dokumente erhalten, aber immerhin so viele, daß sich daraus eine einigermaßen verläßliche Baugeschichte rekonstruieren läßt.

Beim Kölner Dom hingegen, und das mag verwundern, gibt es praktisch überhaupt nichts an solchen Originalaufzeichnungen. Als die französischen Revolutionstruppen im Jahre 1794 Köln besetzten, wurden nicht nur die Kirchenschätze, sondern auch die Archive in Sicherheit gebracht und auf die östliche Seite des Rheins verfrachtet. Von dem, was übrig blieb, mag manches in die Richtung Paris auf den Weg gebracht worden sein. Heute finden sich Teile der Akten aus dem Besitz des Kölner Domkapitels im Historischen Archiv der Stadt Köln, der Verbleib größerer Bestände ist bis heute unbekannt. Jedenfalls scheint das Archiv der Dombauhütte weitgehend verloren gegangen zu sein. Lediglich der große Fassadenplan und einige weitere Pläne sind im frühen 19. Jahrhundert an unterschiedlichen Stellen wieder aufgetaucht, doch die große Masse der Dokumente ging unwiederbringlich verloren.

So mußten Historiker versuchen, aus den Erwähnungen des Dombaues und der Dombaumeister in den Aufzeichnungen anderer Institute mühsam jene Fakten zusammenzustellen, die am Ende ein gewisses Datengerüst für die Baugeschichte der Kölner Kathedrale ermöglichten. Diese stammt daher nahezu ausschließlich aus Sekundärquellen, also aus Schriftstücken zweiter Hand, etwa aus Urkunden über Hausverkäufe oder Eintragungen in Zunftverzeichnissen.

Mittelalterliche Texte sind stets in Latein verfaßt. Man findet sie in Handschriften, die in ganz unterschiedlichen Archiven und Bibliotheken aufbewahrt werden. Oft sind dies bereits Abschriften der wirklichen Urkunden. Sie enthalten viele Schreibfehler und Auslassungen, dazu Abkürzungen, die nur von geübten Fachleuten aufgeschlüsselt werden können. Daher ist die erste Aufgabe eines Wissenschaftlers, der einen solchen Text herausgeben und verfügbar machen will, eine gereinigte und möglichst vollständige lateinische Fassung herzustellen. Erst dann erfolgt die Übersetzung in moderne Sprachen.

Die bedeutendste Sammlung von Quellentexten zur deutschen und europäischen Geschichte sind die Monumenta Germaniae Historica, abgekürzt MGH, die im Jahre 1819 durch den Freiherrn Karl von und zum Stein gegründet wurden. Die Gesellschaft besteht noch heute und hat ihren Sitz seit 1948 in München. Bis heute sind über 320 Bände mit meist lateinischen Geschichtsquellen gedruckt worden. Darüber hinaus gibt es noch zahlreiche andere Serien und auch Einzelwerke, viele davon nur von regionaler Bedeutung, etwa die Publikationen der Gesellschaft für Rheinische Geschichtskunde. So finden sich auch die Texte, in denen Nachrichten zum Bau des Kölner Doms enthalten sind, in einer der vielen Quellenpublikationen, aus denen dann die Verfasser der Dombücher zitieren.

Die erste Nachricht von dem Wunsch nach einer neuen Kathedrale in Köln stammt aus der Zeit des Erzbischofs Engelbert I. von Berg (1216-1225). Sie ist in der Lebensbeschreibung Engelberts enthalten, die der Mönch Caesarius von Heisterbach verfaßt hat und die bereits 1575 in Köln gedruckt und 1633 durch Aegidius Gelenius, Stiftsherr an St. Andreas, nochmals herausgegeben wurde. 1937 wurde sie in den Publikationen der Gesellschaft für Rheinische Geschichtskunde von Fritz Zschak nach dem lateinischen Original in gereinigter und kommentierter Fassung erneut veröffentlicht. Die betreffende Stelle über den Dom lautet in deutscher Übersetzung:

Er (Engelbert) liebte wie der heilige David die Zierde des Gotteshauses und verlangte wie dieser so danach, daß er die Brüder (im Domkapitel) ermahnte, die Kirche des Heiligen Petrus, die die Mutter aller Kirchen der Kölner Provinz ist, zu erneuern, und er versprach, selbst 500 Mark sogleich zu Beginn zu geben und darauf in jedem Jahr ebensoviel, bis der Bau vollendet sein würde.

Die Ermordung des Erzbischofs Engelbert am 7. November 1225 verhinderte jedoch zunächst das Vorhaben. Erst Ende 1247 oder Anfang 1248 faßte das Domkapitel den Beschluß, mit dem Neubau zu beginnen. Am 13. April 1248 folgte ein Abkommen zur Finanzierung des Unternehmens. Ein entsprechender Vertrag wurde in das Kalendar des Domstifts aufgenommen, das der Dompropst Franz Wilhelm Reichsgraf zu Oettingen, Graf zu Baldern und Soetern (1725-1798), nach Aufhebung des Domstifts mit sich auf seine Burg nach Baldern in Schwaben nahm. Es befindet sich heute in der Oettingen-Wallersteinschen Bibliothek, die 1980 vom Bayrischen Staat erworben und der Universität Augsburg zugewiesen wurde. In dieser entdeckten die Kölner Historiker Leonard Ennen und Gottfried Eckertz das Dokument und veröffentlichten es 1863 in ihren „Quellen zur Geschichte der Stadt Köln" im zweiten von fünf Bänden. Der Text lautet in der Übersetzung:

Da durch gemeinsamen Beschluß bestimmt worden war, daß die Domkirche neu gebaut werden sollte, hatte der Dekan, Herr Gozwin, der Probst von Münster Gottfried, der Subdekan Konrad, der Chorbischof Reiner, der Schulrektor Franco, Konrad von Büren, der Kantor Ulrich, der Kustos der Schatzkammer Winrich und mehrere andere Domherren der Domkirche den Schatzmeister, Herrn Phillip, angewiesen, daß er die Gaben, welche das Jahr über außerhalb der Messe auf dem Altar des heiligen Petrus dargebracht zu werden pflegen, auf sechs Jahre für den Bau der neuen Domkirche bereitstelle ...

Unmittelbar nach diesem Beschluß müssen die Arbeiten begonnen worden sein, denn schon wenige Tage später, am 30. April 1248, brannte der alte Dom ab, und zwar infolge unvorsichtiger Abbruchmaßnahmen am Ostchor, der mittels Feuer zum Einsturz gebracht werden sollte. Dieser Vorgang ist in der Chronik des Kölner Benediktinerklosters St. Pantaleon ausführlich geschildert (siehe Seite 24). Zwar gingen die Pantaleonsannalen im Original verloren, doch es gibt eine Abschrift, die der Sekretär des Aegidius Gelenius, Peter Burmann, im Jahre 1648 anfertigte und die sich heute im Historischen Archiv der Stadt Köln befindet.

Der Tag des Brandes, den die Pantaleonsannalen nicht angeben, ist in den Annalen des Stiftes St. Gereon überliefert, die Georg Heinrich Pertz in Band XVI der MGH veröffentlichte:

Anno d(omi)ni mccxl octavo die Quirini combust(us) e(st) sum(mum) Colon(iensis).

Im Jahre des Herrn 1248 am Quirinustage ist der Kölner Dom abgebrannt.

Der Tag des heiligen Quirinus ist der 30. April. Man hatte also nach dem Beschluß des Finanzierungsplanes am 13. April 1248, dem Montag nach Palmsonntag, nicht lange mit dem Baubeginn gewartet, denn der 30. April war in jenem Jahre der Donnerstag nach dem Weißen Sonntag.

Durch das Brandunglück ließ man sich nicht entmutigen. Man mauerte die westliche Hälfte des Alten Domes gegen den Bauplatz im Osten ab und stellte diesen Teil provisorisch wieder her, so daß der Gottesdienst des Domkapitels gefeiert werden konnte. Darauf hob man für den Bau der sieben gotischen Domkapellen gewaltige, über sechs Meter tiefe Gruben aus und füllte sie mit solidem Fundamentmauerwerk. Am 15. August, dem Tage der Himmelfahrt Mariens, fand die feierliche Grundsteinlegung zum Neubau durch Erzbischof Konrad von Hochstaden (1238-1261) statt. Auch hierüber berichten die Pantaleonsannalen:

Konrad aber, der Erzbischof, rief die Prälaten der Kirche, die Großen des Landes und seine Beamten zusammen, ließ durch das mahnende Wort von Predigern eine große Volksmenge herbeiströmen und legte am Tage der Himmelfahrt der seligen Jungfrau Maria nach der feierlichen Messe den ersten Stein. Sowohl im Namen des Herrn Papstes als auch in seinem eigenen, dem des Legaten und aller Suffraganbischöfe der Kölner Kirchenprovinz wurden bislang unerhörte Ablässe jenen Gläubigen gewährt, die zum Bau der besagten Kirche Spenden geben oder schicken würden. Von dieser Zeit an also wurde das Fundament der neuen Basilika des heiligen Petrus, also des Kölner Domes, in wunderbarer Breite und Tiefe mit gewaltigen Kosten zu bauen angefangen.

Damit erschöpfen sich die Quellen vom Baubeginn des gotischen Domes, wenn man von dem Ablaß absieht, den Papst Innocenz am 21. Mai 1248 in Lyon jenen gewährte, die durch ihre Spenden zum Wiederaufbau der Domkirche beitragen würden. Eigentlich ist dies ein recht guter Bestand, doch leider auch beinahe das einzige, was über den Dombau erhalten ist. Denn in der Zeit danach werden die Quellen immer dürftiger, und aus Unterlagen, die am Dom selbst entstanden sind, ist eigentlich nur die Nachricht über die völlige Einstellung des Baubetriebes 1560 erhalten.

Um so wichtiger ist es, andere schriftliche Aussagen auszuwerten. Dies geschieht in diesem Buch, das damit eine wichtige Ergänzung der Domliteratur ist. Die Sammlung geht über das rein baugeschichtliche hinaus und beleuchtet einzelne Szenen, die sich im Dom und in seinem Umfeld abspielten und zeigen, daß die Kathedrale zu keiner Zeit ein unnahbares Monument war, sondern mitten im Leben stand. Einige Texte gehen auch in die Zeit vor Baubeginn zurück, denn spätestens seit den Tagen des hl. Maternus, des in den Jahren 313 und 314 erwähnten ersten namentlich bekannten Bischofs von Köln, wurde hier der Gottesdienst gefeiert. Aus einem schlichten Wohnhaus entwickelte sich durch immer neue Um- und Anbauten allmählich eine große Kirche, die um die Mitte des 9. Jahrhunderts durch die 870 geweihte spätkarolingische Kathedrale ersetzt wurde. In diese brachte Erzbischof Reinald von Dassel am 23. Juli 1164 die Gebeine der Heiligen Drei Könige, die von da an das Ziel zahlreicher Pilger wurden.

Ergänzt wird die Textauswahl durch eine Fülle neuer Fotos, die den Dom in seinem aktuellen Zustand zeigen. So verbinden sich Vergangenheit und Gegenwart der Kathedrale zu einem umfassenden Bild, das jedem Leser und Betrachter den Einstieg in das Universum Dom leicht macht.

Historical sources on the Gothic cathedral in Cologne

A visitor to Cologne Cathedral seeking not only to marvel at the edifice and its art treasures, but also to experience a little of the cathedral's history, can readily purchase numerous books and other publications providing extensive portrayals of the construction of this tremendous building. However, very few visitors ponder the question of where the authors of such publications actually derive their knowledge? Where, for example, can the documents be found which provide the masses of data on which such books are based?

Of course, church archives still exist today whose documents have been preserved down the ages, well sorted and stored in stable boxes since medieval times and carefully published by scientists. Such an archive can be found in St. Victor's Cathedral in Xanten, where even today, the history of the erection of each individual pillar can be looked up, including the names of the artists and artisans who performed the work, as well as the precise cost of each pillar. Unfortunately, St. Victor's is almost the only example of such a comprehensive church archive in central Europe. Most contain but a few documents, although still enough to allow a more-or-less reliable reconstruction of the building history of the archive's host church.

Not so in the case of Cologne Cathedral. Although it may seem surprising to most people, virtually no original sources are available. When French revolutionary troops occupied the City of Cologne in 1794, not only the cathedral's treasures were shipped to safety on the east of the Rhine as a precaution against plundering, but also the cathedral archives. Of those documents which remained, a fair number most likely departed in the direction of Paris. Today, some of the original documents belonging to the Cologne Cathedral Chapter are located in the historical archives of the City of Cologne, but surely far from all of them. The whereabouts of larger sections are still unknown. One thing is certain: the majority of the archives of the cathedral's stonemason's lodge appear to have been mislaid. Only the large plan of the facade of the cathedral and a few other plans emerged at various sites in the early 19th century. The greater part of the documents have been lost forever.

Thus, historians were faced with the task of meticulously compiling the facts and fragmentary references mentioning the building of the cathedral and the cathedral architects in the records of other institutes to ultimately create a certain framework of information with which the history of the building of Cologne Cathedral could be determined. For this very reason, the cathedral history as we know it today is based almost exclusively on secondary sources, i.e. copies of manuscripts, such as certificates recording the sale of a house or entries in the register of guilds.

All medieval texts were written in Latin. They can be found in handwritten manuscripts stored in completely different archives and libraries. These manuscripts are often already copies of the original certificates. They contain a lot of misspellings and omissions, as well as a multitude of abbreviations that only well-versed experts could ever hope to decipher. Therefore, one of the first tasks facing a scientist who wishes to publish such a text is to create a corrected and, as far as possible, complete version of the text in Latin. Only then can the manuscript be translated into modern languages.

The most important collection of source texts on German and European history can be found at the Monumenta Germaniae Historica – in short MGH – established in 1819 by Baron Karl von und zum Stein. The association still exists today, and has been based in Munich since 1948. To date, more than 320 volumes have been printed, mostly containing historical source texts in Latin. Furthermore, numerous other series and individual works exist, many of which are only of regional significance, such as the publications of the Gesellschaft für Rheinische Geschichtskunde *(Society for Rhenish History). And thus the texts containing mention of the building of Cologne Cathedral are also found in one of the many source publications – texts which are then cited by the authors of books on the cathedral.*

The first recorded mention of the desire for a new cathedral in Cologne dates back to the time of Archbishop Engelbert I of Berg (1216-1225). It is contained in the biography of Engelbert recorded by the monk Caesarius of Heisterbach, printed in Cologne as early as 1575, and republished in 1633 by Aegidius Gelenius, the Canon of St. Andreas. In 1937, it was printed anew by Fritz Zschak as part of the publications of the Gesellschaft für Rheinische Geschichtskunde. *This edition was a reworked and commented version of the Latin original. The passage referring to the cathedral reads as follows (translated from a German translation of the original):*

> He (Engelbert) adored the decorations of the house of God as much as Saint David and, like Saint David, he yearned for them so much that he exhorted the brothers (of the Cathedral Chapter) to renew the Church of St. Peter, the mother of all churches in the province of Cologne, and he promised to pay five hundred marks himself at the beginning, and an equal sum every year that followed until the completion of the edifice.

However, the murder of Archbishop Engelbert on November 7, 1225, hindered the building project. It wasn't until the end of 1247 or the beginning of 1248 that the Cathedral Chapter passed the resolution to begin work on the new building. On April 13, 1248, an agreement was reached on financing the enterprise. A corresponding covenant was recorded in the calendar of the Cathedral Chapter, which accompanied the last Dean of the Cathedral Chapter, Franz Wilhelm, Imperial Baron of Oettingen, Baron of Baldern and Soetern (1725-1798), to his castle in Baldern in Swabia following the closure of the Chapter. Today, it is still in the possession of the Oettingen-Wallerstein Library, acquired in 1980 by the state of Bavaria and assigned to Augsburg University. It is there that the Cologne historians Leonard Ennen and Gottfried Eckertz discovered the document, going on to publish it in 1863 in their "Quellen zur Geschichte der Stadt Köln" (Historical Sources of the City of Cologne) in the second of five volumes. Translated, the text reads as follows:

> Because it had been decided by joint resolution that the cathedral be rebuilt, the doyen Mr. Gozwin, the dean Gottfried, the sub-doyen Conrad, Bishop Reiner, the Principal Franco, Conrad von Büren, the choirmaster Ulrich, the custodian of the treasure vault Winrich and several other canons of the cathedral instructed the treasurer Mr. Phillip to look after all donations left at the altar of St. Peters outside mass and to make those moneys available for the construction of the new cathedral for six years...

Work must have started immediately following this resolution, as just a few days later, on April 30, 1248, the old cathedral was burnt down. There is no doubt that this was the result of careless dismantling work on the eastern choir. Workers had employed fire in an attempt to cause the choir to collapse. This is described in detail in the chronicles of Cologne's Benedictine Cloister of St. Pantaleon *(see pages 25/26).*

Although the original versions of the so-called Pantaleon Annals have been lost, a copy was recorded in the year 1648 by Peter Burmann, secretary of Aegidius Gelenius, and which is now located in the historical archives of the City of Cologne.

The day of the fire, which the Pantaleon Annals do not state, is provided by the annals of the Foundation of St. Gereon, which were published by Georg Heinrich Pertz in volume XVI of the MGH:

Anno d(omi)ni mccxl octavo die Quirini combust(us) e(st) sum(mum) Colon(iensis).

The cathedral of Cologne did burn down on St. Quirinus Day in the year of our Lord 1248.

St. Quirinus Day is April 30. This means no time was wasted after passing the financial resolution on April 13, 1248, the Monday following Palm Sunday, as April 30 of that year was the Thursday following Low Sunday.

The fire did nothing to dampen the builders' spirits. The western half of the old cathedral was bricked up towards the building site in the east and provisionally reconstructed, so that the Cathedral Chapter could at least continue to hold its services. The next stage involved digging enormous trenches – more than six meters in depth – and filling them with sound foundation stones for the erection of the seven Gothic chapels of the cathedral. On August 15, Assumption Day, the cornerstone was placed by Archbishop Conrad von Hochstaden (1238-1261) amidst much celebration – an event also recorded in the Pantaleon Annals:

However, Conrad, the Archbishop, summoned the prelates of the church, the mightiest in the land, and all his officials, causing a huge throng of people to flock to the site and heed the words of his preachers. After this joyful service on the Day of Assumption of the Blessed Virgin Mary, he then laid the first stone. Then, in the name of the Pope, as well as in his own name and that of the legate and all suffragan bishops of the province of Cologne, hitherto unheard of indulgences were bestowed upon those faithful who donated money towards the building of the cathedral, or who promised to send donations. From this time on, work began on building the foundations of the new Basilica of Saint Peter, the cathedral of Cologne, in wondrous dimensions of depth and width and at tremendous cost.

This marks the exhaustion of sources dealing with the start of building of the Gothic cathedral, if one disregards the indulgences bestowed by Pope Innocence upon those individuals who agreed to contribute to the rebuilding of the cathedral with donations on May 21, 1248, in Lyon. In actual fact, this particular source is in quite good condition. Alas, it is almost the only one that deals with the building of the cathedral. Sources in subsequent years are increasingly rare, and the documents compiled by the cathedral itself make reference only to the total stoppage of construction work in 1560.

Which makes it all the more important to evaluate other written statements concerning the cathedral. That is what this book has done, making it a valuable supplement to the available cathedral literature. This collection goes beyond a simple account of the building history, illuminating instead individual scenes that have been played out in the cathedral and its surroundings, showing that the cathedral was never an untouchable monument, and that it's doors were always open to the people of Cologne. Several manuscripts also cover the period before construction of the cathedral was actually started: after all, services were held here since the time of Maternus, the first Bishop of Cologne mentioned by name in the years 313 and 314. By means of a progressive series of conversions and extensions, a once humble abode gradually developed into a major church, which was then replaced in the middle of the 9th century by the late-Carolingian cathedral consecrated in 870. It was to this cathedral that Archbishop Reinald von Dassel brought the relics of the Three Magi on July 23, 1164, which became the goal of countless pilgrims from that day on.

The selected texts in this book are supplemented by a host of new photographs, portraying the current condition of the cathedral. The past and present of Cologne Cathedral thus merge to form a comprehensive picture that will facilitate access to the special world of Cologne Cathedral for every reader and beholder.

Documents d'archive sur la cathédrale gothique de Cologne

Le visiteur de la cathédrale de Cologne qui ne veut pas se contenter d'en admirer l'oeuvre architecturale et les trésors, mais souhaite également s'informer sur son histoire trouve facilement des ouvrages qui lui présenteront en détails et lui expliqueront l'origine de cet édifice imposant. Très peu se demanderont toutefois d'où les auteurs de ces ouvrages tirent eux-mêmes leur savoir, ou dans quels documents ils ont puisé leurs informations.

Il existe évidemment des archives ecclésiastiques qui ont conservé tous les documents depuis le Moyen Âge, dans de solides cartons bien classés, que les scientifiques ont ensuite publiés avec soin, comme c'est le cas par exemple avec l'église collégiale Saint-Victor à Xanten. Aujourd'hui encore, on peut lire le détail de l'histoire de la construction de chaque pilier, y compris les noms de tous les artistes et artisans qui y ont travaillé ainsi que les coûts exacts de l'édifice. Mais il s'agit là malheureusement d'un exemple presque unique en Europe centrale. Dans la plupart des cas, en effet, seuls quelques documents ont été conservés, mais ils suffisent en général à reconstruire l'histoire des constructions.

En ce qui concerne la cathédrale de Cologne en revanche, nous disposons de très peu de documents originaux – ce qui pourra en étonner plusieurs. Lorsque les troupes révolutionnaires françaises occupèrent la ville de Cologne en 1794, les trésors et les archives de la cathédrale furent mis en sécurité avec grande précaution pour être ensuite transportés sur l'autre rive du Rhin. De ce qui en restait, il est possible qu'une partie ait aussi été transportée en direction de Paris. Une partie des archives du chapitre de la cathédrale se trouve aujourd'hui dans les Archives historiques de la ville de Cologne, mais elles sont incomplètes. On ne sait toujours pas à ce jour s'il subsiste encore des archives plus importantes quelque part. Il semble en fait qu'une grande partie des archives de l'atelier de la cathédrale ait été perdue. Seuls le grand plan de la façade et quelques autres plans ont été retrouvés au début du 19e siècle à différents endroits, mais la majeure partie des documents a été irrémédiablement perdue.

Les historiens ont donc été contraints de reconstituer et de réunir les éléments de l'histoire de la cathédrale à partir des mentions que l'on trouve à son sujet, ou au sujet de ses architectes, dans les archives d'autres institutions, ce qui a permis d'établir un certain nombre de dates dans la construction de la cathédrale de Cologne. Cette base historique vient donc presqu'exclusivement de sources secondaires et de manuscrits de seconde main, comme par exemple des documents de vente ou des inscriptions dans des registres de corporation.

Les textes médiévaux sont toujours rédigés en latin. Les manuscrits ont été conservés dans les archives et les bibliothèques les plus diverses. Ce sont souvent des copies de documents originaux qui contiennent de nombreuses fautes de retranscriptions et des omissions, sans parler des abréviations que seuls des spécialistes sont en mesure de déchiffrer. C'est pourquoi la première tâche des scientifiques qui publient ces documents pour les rendre accessibles doivent établir des éditions latines à la fois épurées et complétées. Ce n'est qu'alors que l'on peut traduire les textes en langage moderne.

La collection la plus importante d'archives sur l'histoire allemande et européenne est celle de la Monumenta Germaniae Historica, dite MGH, fondée en 1819 par le Baron Karl von und zum Stein. La société existe encore aujourd'hui et s'est installée à Munich en 1948. A ce jour, elle a publié plus de 320 ouvrages – pour la plupart de source historique latine. Il existe en outre de nombreuses séries et monographies dont la plupart n'ont qu'une importance régionale, telles les publications de la Gesellschaft für Rheinische Geschichtskunde (Société pour l'histoire rhénane). Les textes qui contiennent des informations sur la construction de la cathédrale de Cologne dont se sont servi les auteurs des livres sur la cathédrale se trouvent également dans ces publications de référence.

La première information relative au projet de la construction d'une nouvelle cathédrale à Cologne date de l'époque de l'archevêque Engelbert Ier de Berg (1216-1225). Elle se trouve dans le récit de la vie de Engelbert, rédigée par le moine Caesarius de Heisterbach et publiée pour la première fois en 1575 à Cologne, puis en 1633 par le chanoine de Saint-André, Aegidius Gelenius. Elle fut ensuite à nouveau éditée en 1937 dans les publications de la Gesellschaft für Rheinische Geschichtskunde dans une version critique établie par Fritz Zschak à partir de l'original latin. Le passage correspondant à l'histoire de la cathédrale s'énonce ainsi dans la version traduite :

> « Comme le Roi David, il (Engelbert) adorait les ornements de la maison de Dieu et exhorta les Frères (du Chapitre) à rénover l'église de St-Pierre, laquelle était mère de toutes les églises de la province de Cologne. Il promit lui-même de verser 500 Marks dès le début des travaux, puis la même somme chaque année jusqu'à ce que la cathédrale soit achevée. »

L'assassinat de l'archevêque Engelbert, le 7 novembre 1225, bloqua toutefois le projet. Ce n'est qu'à la fin de 1247, ou au début de 1248, que le chapitre de la cathédrale décida d'entreprendre la nouvelle construction. Le 13 avril 1248 vit la conclusion d'une entente quant au financement de l'entreprise. Un contrat correspondant fut adopté pour le calendrier de la cathédrale, que le dernier prieur de la cathédrale, Franz Wilhelm, Comte impérial d'Oettingen et Comte de Baldern et de Soetern (1725-1798), emporta avec lui dans son château fort à Baldern, en Souabe, après l'abrogation de l'échevêché. Ce contrat se trouve aujourd'hui encore dans la bibliothèque Oettingen-Wallerstein, aquise en 1980 par l'État bavarois et confiée à l'Université de Augsbourg. C'est là que les historiens de Cologne Leonard Ennen et Gottfried Eckertz découvrirent ce document et le publièrent en 1863 dans le deuxième tome (sur 5) de leur « Quellen zur Geschichte der Stadt Köln » (Documents sur l'histoire de la ville de Cologne). On peut lire, dans la version traduite de ce texte :

> « Puisqu'il a été décidé, par un commun accord, que la cathédrale doit être reconstruite, le doyen Mr. Gozwin, le prieur Gottfried, le vice-doyen Conrad, l'évêque du choeur Reiner, le directeur d'école Franco, Conrad de Buren, le cantor Ulrich, le conservateur de la chambre au trésor Winrich et de nombreux autres chanoines de la cathédrale ont demandé au trésorier M. Phillip de mettre à la disposition de la construction de la nouvelle cathédrale la totalité des offrandes des six prochaines années consacrées à l'autel de St-Pierre en dehors des messes. »

Les travaux de construction ont probablement commencé juste après cette décision, puisque l'ancienne cathédrale prit feu par inadvertance quelques jours après, le 30 avril 1248, en raison des travaux dans le choeur oriental que les ouvriers cherchaient à démolir par le feu. Ce procédé est décrit en détails dans la chronique des moines bénédictins du cloître de St-Pantaleon de Cologne (voir page 31). Si les annales originales de St-Pantaleon ont disparu, il existe néanmoins des copies datant de 1648 par le secrétaire d'Aegidius Gelenius, Peter Burmann. Ces copies se trouvent aujourd'hui dans les Archives historiques de la ville de Cologne.

Le jour de l'incendie – que les annales de St-Pantaleon ne mentionnent pas – est évoqué dans les annales de la collégiale de St-Géréon, publiées par Georg Heinrich Pertz dans le tome XVI des MGH :

> Anno d(omi)ni mccxl octavo die Quirini combust(us) e(st) sum(mum) Colon(iensis)
>
> En l'an de grâce 1248, le jour de Quirinus, la cathédrale de Cologne prit feu.

Le jour de la St-Quirinus est le 30 avril. Ce qui signifie que le début des travaux ne s'est pas fait attendre après la décision relative à la planification financière, qui, elle, date du 13 avril 1248, ce qui correspond au lundi suivant le dimanche des Rameaux, puisque le 30 avril de cette année-là correspondait au jeudi après le dimanche de l'octave de Pâques.

L'incendie ne découragea pas les constructeurs. On mura la moitié occidentale de l'ancienne cathédrale pour la séparer des chantiers de construction, et reconstruisit cette partie de manière provisoire afin que la messe puisse être célébrée par le chapitre de la cathédrale. On creusa en outre autour des sept chapelles gothiques des fosses de plus de six mètres de profondeur pour les remplir de solides fondations. Le 15 août, jour de l'Assomption, l'archevêque Conrad de Hochstaden (1238-1261) pu ainsi poser la pierre de fondation de la nouvelle cathédrale. Les annales de St-Pantaleon relate également cet événement :

> L'archevêque Conrad appela les prélats de l'église, les dignitaires du pays et ses fonctionnaires tout ensemble. Il fit également appeler les foules par ses prédicateurs pour fêter la pose de la première pierre le jour de l'Assomption de la Sainte-Vierge, après la messe. A la fois au nom de Monseigneur le Pape, en son propre nom ainsi qu'au nom de ses légats et de tous les évêques suffragants de la province écclésiastique de Cologne, il octroya toutes les indulgences aux croyants qui souhaitaient donner des offrandes pour la construction de l'église. La fondation de la nouvelle basilique de Saint-Pierre date de ce moment, à savoir la cathédrale de Cologne, de taille et de largeur extraordinaires, et à des coûts phénoménaux.

Ce sont là les seules sources dont nous disposons relativement aux débuts de la construction de la cathédrale gothique, si l'on fait abstraction de l'indulgence accordée par le pape Innocent le 21 mai 1248 à Lyon à ceux qui participeraient par leurs dons à la reconstruction de la cathédrale. Ces documents sont en fait excellents , mais ce sont presque les seuls qui nous soient restés sur la construction de la cathédrale. Car les sources des époques ultérieures sont extrêmement rares et les seuls documents qui nous restent de la cathédrale comme telle sont ceux relatifs à l'arrêt des travaux en 1560.

Il est donc d'autant plus important d'utiliser d'autres sources écrites sur la cathédrale. C'est ce que cet ouvrage s'est donné pour tâche, et qui en fait un complément important de la littérature actuelle sur la cathédrale qui ne s'en tient pas aux simples faits de la construction comme telle, mais éclaire également quelques scènes particulières qui se déroulaient dans la cathédrale et son environnement, montrant ainsi que la cathédrale ne fut jamais un monument inaccessible, mais était bel et bien au centre de la vie quotidienne. Certains textes remontent même à l'époque précédant la construction de la cathédrale, car on célébrait déjà des messes en cet endroit à l'époque de Saint-Maternus, dont on trouve mention en 313 /314 comme premier évêque connu de Cologne. De constants travaux d'agrandissement ou de transformation ont fait d'une simple maison une grande église, qui allait être remplacée au milieu du 9e siècle par la cathédrale carolingienne tardive, consacrée en 870. C'est dans cette cathédrale que l'archevêque Rainald de Dassel allait transporter les reliques des trois Rois Mages le 23 juillet 1164, lesquelles allaient dorénavant attirer d'innombrables pèlerins.

Le choix des textes est complété par de nombreuses photos inédites qui illustrent l'état actuel de la cathédrale. Ainsi le passé et le présent de la cathédrale se rejoignent-t-il en une seule image, ce qui permet au lecteur et au spectateur de pénétrer plus facilement dans l'univers de la cathédrale.

Daten zur Geschichte des Domes

313/14:
Erste Erwähnung eines Bischofs von Köln, der hl. Maternus.

355:
Erste Erwähnung eines „christlichen Versammlungsraumes“ in Köln.

Um 540:
In einer Kapelle der Bischofskirche werden zwei Mitglieder einer vornehmen fränkischen Familie bestattet, eine etwa 28jährige Frau und ein Knabe, die möglicherweise dem merowingischen Königshaus angehören.

Um 565:
Der Dichter Venantius Fortunatus preist den Kölner Bischof Clarentinus, der die „goldenen Kirchen“ (darunter auch die Bischofskirche?) erneuert und erweitert habe, „damit sie mehr Gläubige fassen.“

Um 645:
Erste Erwähnung des Petrus-Patroziniums der Kölner Bischofskirche.

Um 795:
Der Frankenkönig Karl der Große stiftet eine kostbare Verzierung für den Petrusaltar des Domes.

3. Sept. 818:
Todestag des ersten Kölner Erzbischofs Hildebold. Ihm wird später der Plan zum Bau einer neuen Kathedrale, des „karolingischen“ Domes, zugeschrieben.

Sept. 857:
Bei einem Unwetter schlägt der Blitz im – noch ungeweihten – neuen Dom ein und tötet drei Menschen.

27. Sept. 870:
Erzbischof Willibert weiht den karolingischen Dom.

881/882:
Verbände der Normannen, das sog. „Große Heer“, erobern und zerstören Köln. Der Dom trägt nur geringe Schäden davon.

Vor 965:
Erzbischof Bruno I., der den Dom erweitern ließ, erwirbt den Stab und die Ketten des hl. Petrus.

Um 975:
In einer Kölner Werkstatt entsteht das sog. Gerokreuz, das älteste bekannte Großkreuz des Abendlandes, das im Dom zur Aufstellung kommt.

Um 1020:
Die Kapelle St. Johannes Evangelist an der Südseite des Domes wird als erzbischöfliche Hauskapelle erwähnt.

Dates in the History of the Cathedral

355:
First mention of a bishop of Cologne, St Maternus.

355:
First mention of a "Christian meeting place" in Cologne.

Around 540:
Burial in a chapel of the episcopal church of two members of a prominent Frankish family, a woman about 28 years old and a boy, possibly members of the Merovingian royal family.

Around 565:
The poet Venantius Fortunatus praises Bishop Clarentinus of Cologne for renovating and enlarging the "golden churches" (including the episcopal church?)-"so they can accommodate more believers."

Around 645:
First mention of St. Peter as patron saint of the episcopal church of Cologne.

Around 795:
Charlemagne, king of the Franks, donates a precious ornament for the St. Peter's Altar of the cathedral.

Sept. 3, 818:
Death of Hildebold, first Archbishop of Cologne. Later, he is credited with the plan for constructing a new the "Carolingian" cathedral.

September, 857:
During a thunderstorm, lightning strikes the not yet consecrated new cathedral, killing three worshippers.

Sept. 27, 870:
Archbishop Willibert consecrates the Carolingian cathedral.

881-882:
Formations of the Normans, the so-called "Great Army", conquer and destroy Cologne. The cathedral escapes serious damage.

Before 965:
Archbishop Bruno I, who has expanded the cathedral, acquires St. Peter's staff and chains.

Around 975:
Artisans in Cologne create the Gero's Cross, the oldest known large crucifix in the West, which is mounted in the cathedral.

Around 1020:
The Chapel of St. John the Baptist, on the south side of the cathedral, is mentioned as the private chapel of the Archbishop.

Dates marquantes de l'histoire de la cathédrale

355 :
Première mention d'un évêque de Cologne, Saint Maternus.

355 :
Première mention d'un « lieu de rassemblement chrétien » à Cologne.

Vers 540 :
Deux membres d'une famille de Francs nobles sont enterrés dans une chapelle dans la cour de l'église épiscopale : une jeune femme d'environ 28 ans et un garçon, qui appartenaient peut-être à la cour royale mérovingienne.

Vers 565 :
Le poète Venantius Fortunatus fait l'éloge de Clarentinus, évêque de Cologne, pour avoir rénové et agrandit « les églises d'or » (dont l'église épiscopale ?) « afin de rassembler plus de croyants ».

Vers 645 :
Première mention de St-Pierre comme patron de l'église épiscopale de Cologne.

Vers 795 :
Le roi Franc, Charlemagne, commande une précieuse décoration pour l'autel de St-Pierre.

3 septembre 818 :
Mort d'Hildebold, premier évêque de Cologne. On lui attribue plus tard les plans de la cathédrale dite «carolingienne».

Septembre 857 :
Un éclair frappe la nouvelle cathédrale – encore non consacrée – lors d'un orage ; trois personnes sont tuées.

27 septembre 870 :
L'archevêque Willibert consacre la cathédrale carolingienne.

881/882 :
Des tribus de Vikings de la « la grande légion » conquièrent et détruisent Cologne. La cathédrale souffre peu de ces attaques toutefois.

Avant 965 :
L'archevêque Bruno Ier fait agrandir la cathédrale et acquiert le bâton et les chaînes de St-Pierre.

Vers 975 :
Un atelier de Cologne produit la « Croix de Géréon », la plus ancienne grande croix de l'Occident, destinée à être exposée dans la cathédrale.

Vers 1020 :
La chapelle de St-Jean l'Évangéliste, située du côté méridional de la cathédrale, est mentionnée comme chapelle privée de l'archevêché.

Um 1030:
Auf dem Widmungsbild des sog. Hilinus-Codex ist der karolingische Dom mit der Pfalzkapelle St. Johann Evangelist dargestellt.

Vor 1075:
Die von Erzbischof Anno II. gestiftete Kirche St. Maria ad gradus, im Osten des Domes gelegen, wird vollendet.

18. Feb. 1080:
Bei einem Brand der Kirche St. Maria ad gradus greifen die Flammen auf den Ostteil des Domes über, ohne jedoch größeren Schaden anzurichten.

23. Juli 1164:
Erzbischof Reinald von Dassel bringt die Gebeine der Heiligen Drei Könige nach Köln.

Herbst 1164:
An der Südseite des Domes wird mit dem Bau eines neuen erzbischöflichen Palastes begonnen.

Nach 1181:
Der Goldschmied Nikolaus von Verdun beginnt die Arbeiten am Dreikönigenschrein.

Vor 1225:
Erzbischof Engelbert I. plant den Neubau des Domes.

Herbst 1247:
Das Domkapitel beschließt den Abbruch des karolingischen Domes und den Bau einer neuen Kathedrale.

30. Apr. 1248:
Bei den Abbrucharbeiten vernichtet ein fahrlässig verursachter Brand große Teile des karolingischen Domes.

15. Aug. 1248:
Erzbischof Konrad von Hochstaden legt den Grundstein zum gotischen Dom.

1257:
Der erste Dombaumeister, der Steinmetz Meister Gerhard, erhält vom Domkapitel gegen Erbzins ein Grundstück in der Marzellenstraße.

Um 1265:
Der Kapellenkranz des Chores ist bis zu den Gewölben fertiggestellt, das Chorerdgeschoß im wesentlichen vollendet. Als Nachfolger von Meister Gerhard ist Meister Arnold tätig.

31. Jan. 1274:
Burggraf Gottfried von Drachenfels gestattet dem Domkapitel, seinen Steinbruch für vier weitere Jahre zum Besten des Dombaues zu nutzen.

26. Sept. 1277:
Albertus Magnus weiht den Altar der Domsakristei.

Around 1030:
The Carolingian cathedral with the Chapel of St. John the Baptist is depicted in the dedicational picture of the so-called Hilinus Codex.

Before 1075:
The Church of St. Mary ad gradus, donated by Archbishop Anno II and located just to the east of the cathedral, is completed.

Feb. 18, 1080:
During a fire at the Church of St. Mary ad gradus, the east portion of the cathedral catches on fire, but escapes serious damage.

July 23, 1164:
Archbishop Reinald von Dassel brings the bones of the Three Magi to Cologne.

Fall, 1164:
Construction of a new archbishop's palace starts just south of the cathedral.

After 1181:
The artist Nicholas of Verdun starts work on the Shrine of the Three Magi.

Before 1225:
Archbishop Engelbert I plans a new cathedral.

Fall, 1247:
The chapter of the cathedral resolves to demolish the Carolingian cathedral and to build a new one.

Apr. 30, 1248:
During the demolition work, a fire caused by negligence destroys much of the Carolingian cathedral.

Aug. 15, 1248:
Archbishop Conrad von Hochstaden lays the cornerstone of the gothic cathedral.

1257:
The first cathedral architect, the stonemason Master Gerhard, receives a plot of ground in the Marzellenstraße on a hereditary lease.

Around 1265:
The semicircle of chapels attached to the choir is completed up to the vaults. The lower part of the choir is essentially complete. Master Arnold acts as successor to Master Gerhard.

Jan. 31, 1274:
In support of the construction of the cathedral, Burgrave Gottfried von Drachenfels permits the chapter of the cathedral to use his quarry for an additional four years.

Sept. 26, 1277:
Albertus Magnus consecrates the altar in the sacristy of the cathedral.

Vers 1030 :
La dédicace du Code Hilinus comporte une représentation de la cathédrale carolingienne et de la chapelle palatine de St. Jean l'Évangéliste.

Avant 1075 :
Fondée par l'archevêque Anno II, l'église Ste-Marie ad gradus située du côté oriental de la cathédrale est achevée.

18 février 1080 :
Lors d'un incendie de l'église Ste-Marie ad gradus, les flammes s'étendent au-delà de la partie orientale de la cathédrale, sans toutefois causer de grands dommages.

23 juillet 1164 :
L'archevêque Rainald de Dassel fait transporter les reliques des Rois Mages à Cologne.

Automne 1164 :
Début de la construction d'un nouveau palais de l'archevêché au sud de la cathédrale.

Après 1181 :
L'artiste Nicolas de Verdun entreprend la création de la « Châsse des trois Rois Mages ».

Avant 1225 :
L'archevêque Engelbert I projette une nouvelle cathédrale.

Automne 1247 :
Le Chapitre de la cathédrale décide de détruire la cathédrale carolingienne et de construire un nouvel édifice.

30 avril 1248 :
Lors des travaux de réaménagement, un feu détruit par négligence une grande partie de la cathédrale carolingienne.

15 août 1248 :
L'archevêque Conrad de Hochstaden pose la première pierre de la cathédrale gothique.

1257 :
Le Chapitre octroie en emphytéose à Maître Gérard, le premier architecte de la cathédrale, une parcelle dans la Marzellenstraße.

Vers 1265 :
Le choeur est terminé, mis à part les voûtes ; le parterre du choeur est complètement achevé. Maître Arnold succède à Maître Gérard.

31 janvier 1274 :
Le burgrave Gottfried de Drachenfels renouvelle le prêt de sa carrière de pierres au Chapitre pour quatre ans, afin d'aider à la construction de la cathédrale.

26 septembre 1277 :
Albert le Grand consacre l'autel de la sacristie.

Um 1300:
Meister Johannes amtiert als Dombaumeister – von ihm stammt möglicherweise der noch erhaltene vier Meter hohe Plan der Westfassade.

10. Jan. 1310:
König Heinrich VII. und seine Gemahlin Margarete beten am Schrein der Heiligen Drei Könige.

27. Sept. 1322:
Erzbischof Heinrich von Virneburg weiht den fertiggestellten Chor.

1333:
Bei seinem Köln-Besuch preist Petrarca den Dom als ein „herrliches Bauwerk".

25. Aug. 1338:
Der englische König Eduard III. weilt in Köln, er besucht den Dom und den Dreikönigenschrein.

Um 1375:
Steinmetzen aus der Parler-Familie arbeiten am Petersportal.

7. Jan. 1389:
Im Dom findet der Eröffnungsgottesdienst der 1388 gegründeten Kölner Universität statt.

6. Jan. 1401:
Ruprecht von der Pfalz wird im Dom zum deutschen König gekrönt.

Around 1300:
Master John serves as master builder. He may have created the elevation drawing – 4 meters (13 ft.) high – of the west facade, which still exists today.

Jan. 10, 1310:
King Henry VII and his wife Margaret pray by the Shrine of the Three Magi.

Sept. 27, 1322:
Archbishop Henry von Virneburg consecrates the completed choir.

1333:
During his visit to Cologne, Petrarca praises the cathedral as a "magnificent structure".

Aug. 25, 1338:
King Edward III of England visits Cologne, the cathedral and the Shrine of the Three Magi.

Around 1375:
Stonemasons of the Parler family work on the St. Peter's Portal.

Jan. 7, 1389:
The inaugural religious service of Cologne University founded in 1388 is held at the cathedral.

Jan. 6, 1401:
Ruprecht of the Palatinate is crowned King of Germany in the cathedral.

Vers 1300 :
Maître Jean dirige les travaux de la cathédrale – le plan de la façade occidentale de 4 m de hauteur qui subsiste encore est peut-être de lui.

10 janvier 1310 :
Le roi Henri VII et son épouse Marguerite prient devant le reliquaire des Rois Mages.

27 septembre 1322 :
L'archevêque Henri de Virneburg consacre le choeur qui vient d'être achevé.

1333 :
Lors d'une visite à Cologne, Pétrarque fait l'éloge de la cathédrale, qu'il qualifie de « magnifique ouvrage ».

25 août 1338 :
Le roi anglais Edouard III séjourne à Cologne. Il y visite la cathédrale et le reliquaire des Rois Mages.

Vers 1375 :
Des tailleurs de pierre de la famille Parler travaillent au portail de St-Pierre.

7 janvier 1389 :
La messe d'ouverture de l'Université de Cologne fondée 1388 est tenue dans la cathédrale.

6 janvier 1401 :
Rupert de Pfalz est couronné roi allemand dans la cathédrale.

7. Okt. 1434:
Bei einem schweren Sturm durchschlägt ein Stein das Gewölbe des Chorumganges.

Sept. 1437:
Im bis zu 56 Meter aufgeführten Südturm wird die Dreikönigenglocke aufgehängt. Mit den 1448/49 gegossenen Glocken „Pretiosa" und „Speciosa" bildet sie ein hochgelobtes Dreiergeläut.

1507/09:
In den nördlichen Seitenschiffen werden prunkvolle Fenster eingesetzt.

12. Nov. 1520:
Auf dem Domhof werden die Schriften Luthers verbrannt.

5. Jan. 1531:
Ferdinand von Habsburg, der Bruder Kaiser Karls V., wird im Dom zum König gewählt.

1560:
Die Bauarbeiten am Dom werden eingestellt.

1654:
Der Jesuit Hermann Crombach regt in seiner „Geschichte der Heiligen Drei Könige" den Weiterbau des Domes an.

1674 :
Der erzbischöfliche Palast im Süden des Domes wird abgebrochen.

1735:
Unter Erzbischof Clemens August beginnen Sicherungsarbeiten am Dom.

1744:
Das Innere des Domes wird im barocken Stil neu gestaltet (bis 1770).

6. Okt. 1794:
Französische Revolutionstruppen besetzen Köln.

Nov. 1796:
Die französischen Besatzer verfügen die Einstellung des Gottesdienstes im Dom.

15. Feb. 1801:
Der Dom wird Hauptpfarrkirche eines neuen Pfarrbezirkes.

4. Jan. 1804:
Rückkehr des Dreikönigenschreins, den das Domkapitel 1794 vor den anrückenden französischen Truppen nach Westfalen hatte bringen lassen.

20. Nov. 1814:
Joseph Görres fordert im „Rheinischen Merkur" den Weiterbau des Domes.

Oct. 7, 1434:
A heavy storm hurls a stone through the vault of the ambulatory.

September, 1437:
The Bell of the Three Magi is suspended in the south tower, which has risen to a height of 56 meters (164 ft.) The new bell joins the "Pretiosa" and "Speciosa" bells, which were cast in 1448/49, to create a triple tone that earned high praise.

1507-1509:
Magnificent windows are mounted in the northern aisles.

Nov. 12, 1520:
Martin Luther's writings are burned in the cathedral square.

Jan. 5, 1531:
Ferdinand von Hapsburg, brother of Emperor Charles V, is elected king in the cathedral.

1560:
Construction work on the cathedral is halted.

1654:
In his "Story of the Three Magi", the Jesuit Herman Crombach calls for continuing the construction of the cathedral.

1674:
The archbishop's palace south of the cathedral is torn down.

1735:
Under Archbishop Clemens August, shoring work is begun on the cathedral.

1744:
The interior of the cathedral is renovated in the Baroque style (until 1770).

Oct. 6, 1794:
French revolutionary troops occupy Cologne.

November, 1796:
French occupation authorities order the cessation of religious services in the cathedral.

Feb. 15, 1801:
The cathedral becomes the principal parish church of a new parish district.

Jan. 4, 1804:
Return of the Shrine of the Three Magi, which the chapter of the cathedral had moved to Westphalia in 1794, in advance of the approaching French troops.

Nov. 20, 1814:
In the "Rheinischer Merkur", Joseph Görres demands the continuation of the construction of the cathedral.

7 octobre 1434 :
Lors d'un orage violent, une pierre détruit la voûte du déambulatoire du choeur.

Septembre 1437 :
La cloche dite des trois Rois Mages est installée dans la tour méridionale, haute de 56 m.
Les cloches « Pretiosa » et « Speciosa » sont fondues en 1448/49. Le carillon des trois cloches est fort apprécié.

1507/09 :
De précieux vitraux sont installés dans la nef septentrionale.

12 novembre 1520 :
Les écrits de Luther sont brûlés sur le parvis de la cathédrale.

5 janvier 1531 :
Ferdinand de Habsbourg, frère de l'empereur Charles V, est couronné roi à la cathédrale.

1560 :
Les travaux de construction sont interrompus.

1654 :
L'ouvrage du Jésuite Hermann Crombach, « Histoire des trois Rois Mages », incite à la reprise des travaux.

1674 :
Le palais de l'archevêché au sud de la cathédrale est détruit.

1735 :
L'archevêque Clément Auguste entreprend des travaux de consolidation de la cathédrale.

1744 :
L'intérieur de la cathédrale est réaménagé dans un style baroque (jusqu'en 1770).

6 Octobre 1794 :
Les troupes françaises occupent Cologne.

Novembre 1796 :
Les occupants français interdisent la tenue des offices dans la cathédrale.

15 février 1801 :
La cathédrale est rendue au culte et devient église paroissiale.

4 janvier 1804 :
Retour du reliquaire des Rois Mages, que le Chapitre de la cathédrale avait fait déplacer en Westphalie en 1794, à l'approche des troupes françaises.

20 novembre 1814 :
Joseph Goerres réclame la poursuite des travaux de la cathédrale dans le journal « Rheinischer Merkur ».

16. Juli 1821:
Im Konkordat zwischen dem Heiligen Stuhl und Preußen wird die Wiedererrichtung des Erzbistums Köln festgelegt.

1821/1830:
Sulpiz Boisserée veröffentlicht sein Werk „Ansichten, Risse und einzelne Theile des Doms von Köln“.

1823:
Wiedereinrichtung einer Dombauhütte, die erste Sicherungsarbeiten vornimmt.

13. Apr. 1841:
Annahme des Statutes des „Zentral-Dombau-Vereins“ durch Kölner Bürger.

4. Sept. 1842:
König Friedrich Wilhelm IV. von Preussen legt den Grundstein zum Weiterbau.

1863:
Das Innere des Domes ist vollendet. Die Trennwand zwischen Chor und Langhaus wird abgebrochen.

1868:
Demontage des mittelalterlichen Baukrans auf dem Südturm.

1874:
Der Glockengießer Andreas Hamm aus Frankenthal gießt die sog. „Kaiserglocke“ (Gloriosa) aus dem Material eroberter französischer Geschütze.

15. Okt. 1880:
In Anwesenheit von Kaiser Wilhelm I. beginnen dreitägige Feiern zur Fertigstellung des Domes.

1918:
Die „Kaiserglocke“ wird zerlegt und zu „Heereszwecken“ dem Militär übergeben.

30. Nov. 1924:
Erzbischof Karl Joseph Kardinal Schulte weiht die vom Glockengießer Heinrich Ulrich in Apolda gegossene St. Petersglocke, die die „Kaiserglocke“ ersetzen soll.

1926:
Am Dom werden in großem Umfang Restaurierungsarbeiten begonnen.

März 1940:
Als Schutzmaßnahme vor möglichen Kriegseinwirkungen werden die mittelalterlichen Glasfenster aus den Fensteröffnungen genommen und in Sicherheit gebracht.

29. Juni 1943:
Bei einem britischen Luftangriff werden das nördliche Querhaus schwer beschädigt und die Domorgel zerstört.

July 16, 1821:
The concordat between the Holy See and the Prussians provides for the reestablishment of the archdiocese of Cologne.

1821-1830:
Sulpiz Boisserée publishes his work "Views, architectural drawings and individual details of Cologne Cathedral."

1823:
Reestablishment of a construction shop and initial shoring work.

Apr. 13, 1841:
The citizens of Cologne accept the statute of the "Zentral-Dombau-Verein" (Central Cathedral Building Society).

Sep. 4, 1842:
King Frederick William IV of Prussia lays the cornerstone for the continuing construction.

1863:
The interior of the cathedral is complete. The dividing wall between the choir and the nave is dismantled.

1868:
Dismantling of the medieval construction crane on the south tower.

1874:
The bell-founder Andrew Hamm of Frankenthal casts the so-called "Emperor's Bell" (Gloriosa) from the metal of captured French cannons.

Oct. 15, 1880:
A three-day celebration observes the completion of the cathedral, with Emperor William I attending.

1918:
The "Emperor's Bell" is dismantled and given to the military for "army purposes".

Nov. 30, 1924:
Archbishop Charles Joseph Cardinal Schulte consecrates the St. Peter's Bell, cast by the bell-founder Heinrich Ulrich from Apolda and intended to replace the "Emperor's Bell".

1926:
Extensive renovations of the cathedral are started.

March, 1940:
As a precaution against possible war damage, the medieval glass windows are removed and safely stored.

June 29, 1943:
A British air raid severely damages the northern transept and destroys the organ of the cathedral.

16 juillet 1821 :
Un concordat entre le Saint-Siège et la Prusse permet la reconstruction de l'archevêché de Cologne.

1821/30 :
Sulpice Boisserée publie son ouvrage « Illustrations, gravures et aspects de la cathédrale de Cologne ».

1823 :
Réouverture du chantier de la cathédrale et premiers travaux de consolidation.

13 avril 1841 :
Les citoyens de Cologne définissent les statuts de « Zentral-Dombau Verein » (l'association pour la cathédrale).

4 septembre 1842 :
Le roi de Prusse Frédéric-Guillaume IV pose la première pierre de la nouvelle construction.

1863 :
L'intérieur de la cathédrale est terminé. Le mur de cloison entre le choeur et la nef est détruit.

1868 :
Démontage de l'échafaudage médiéval de la tour méridionale.

1874 :
Le fondeur de cloche Andreas Hamm de Frankenthal fond la « cloche de l'empereur » (Gloriosa) à partir du bronze des canons de l'armée française conquise.

15 octobre 1880 :
L'empereur Guillaume I assiste aux trois journées de festivités organisées pour célébrer l'achèvement de la cathédrale.

1918 :
La « cloche de l'empereur » est démontée et donnée à l'armée à des « fins militaires ».

30 novembre 1924 :
Le cardinal-archevêque Carl Joseph Schulte bénit la cloche de St-Pierre, fondue à Apolda par Henri Ulrich, afin de remplacer la « cloche de l'empereur ».

1926 :
Débuts des grands travaux de rénovation de la cathédrale.

Mars 1940 :
Afin de les protéger d'éventuels dommages causés par la guerre, les vitraux médiévaux sont enlevés et mis en sûreté.

29 juin 1943 :
Le transept septentrional est sévèrement endommagé lors d'une attaque aérienne de l'armée britannique qui détruit egalment l'orgue.

3. Nov. 1943:
Eine Fliegerbombe durchschlägt einen Strebepfeiler des Nordturmes. In den folgenden Wochen wird die sog. „Domplombe" gesetzt, um die entstandene Lücke zu schließen.

15. Aug. 1948:
Als erster Bauteil nach den Kriegszerstörungen wird der Chor wieder für den Gottesdienst geöffnet. Unter großer Anteilnahme der Bevölkerung wird die 700-Jahr-Feier der Grundsteinlegung des gotischen Domes gefeiert.

30. Aug. 1956:
Im Rahmen des 77. Katholikentages wird auch das Langhaus des Domes feierlich wiedereröffnet.

22. Juni 1965:
Erzbischof Josef Kardinal Frings segnet vor dem Dom die Teilnehmer der Tour de France, die in Köln gestartet wird.

25. Apr. 1967:
Trauergottesdienst für den verstorbenen ersten Kanzler der Bundesrepublik Deutschland, Konrad Adenauer.

2. Nov. 1975:
Einbrecher plündern die Schatzkammer des Domes. Der Fall wird erst anderthalb Jahre später aufgeklärt.

16. Okt. 1980:
In der Kunsthalle wird die Ausstellung „Der Dom im Jahrhundert seiner Vollendung" eröffnet. Anläßlich der Feierlichkeiten zum Domjubiläum kommt Papst Johannes Paul II. am 15. November nach Köln.

20. März 1996
Die Stadt Köln stimmt als Untere Denkmalsbehörde dem Antrag des Domkapitels zu, die sog. „Domplombe" bis zum Jahre 2010 durch Natursteine zu ersetzen.

Dezember 1996
Die UNESCO erklärt den Kölner Dom zum „Weltkulturerbe".

Nov. 3, 1943:
Another bomb smashes through a buttress of the north tower. In the following weeks, the so-called "cathedral patch" is installed to close the resulting gap.

Aug. 15, 1948:
The choir is reopened for services, being the first section of the cathedral rebuilt following war damage. The local citizens enthusiastically participate in the 700-year anniversary of the cornerstone ceremony of the cathedral.

Aug. 30, 1956:
In a solemn ceremony, the nave of the cathedral is also reopened on the occasion of the 77th Catholics' Day.

June 22, 1965:
In front of the cathedral, Archbishop Josef Cardinal Frings blesses the participants of the Tour de France, which starts in Cologne.

Apr. 25, 1967:
Memorial service for Conrad Adenauer, first chancellor of the German Federal Republic.

Nov. 2, 1975:
Burglars plunder the treasure vault of the cathedral. The case remains unsolved for a year and a half.

Oct. 16, 1980:
The exhibition "The cathedral in the century of its completion" opens. On November 15, Pope John Paul II visits Cologne to attend the festivities celebrating the anniversary of the Cathedral.

March 20, 1996:
The City of Cologne accepts the proposal by the chapter of the cathedral to replace the "cathedral patch" with natural stone by the year 2010.

December 1996:
UNESCO declares Cologne Cathedral part of the "world's cultural heritage".

3 novembre 1943 :
Une bombe aérienne détruit un contrefort de la tour septentrionale. Au cours des semaines suivantes, installation de « plombages » pour boucher les trous.

15 août 1948 :
Le choeur est la première partie à être réouverte après la guerre pour le service liturgique. Les habitants de Cologne fêtent le 700e anniversaire de la fondation de la cathédrale gothique.

30 août 1956 :
La nef de la cathédrale est égalment réouverte à l'occasion du 77e Congrès catholique en grande pompe.

22 juin 1965 :
Le cardinal-archevêque Josef Frings bénit devant la cathédrale les participants au Tour de France, dont le départ est donné à Cologne.

25 avril 1967 :
Funérailles du premier chancelier de la République Fédérale Allemande, Konrad Adenauer.

2 novembre 1975 :
Des brigands s'emparent du trésor de la cathédrale. L'affaire ne sera résolue qu'un an et demi plus tard.

16 octobre 1980 :
Inauguration de l'exposition « La cathédrale au siècle de son achèvement ». Le 15 novembre, le pape Jean-Paul II se rend à Cologne à l'occasion des festivités organisées pour l'anniversaire de la cathédrale.

20 mars 1996 :
Le sous-représentant du patrimoine de la ville de Cologne donne son accord au Chapitre de la cathédrale pour que les « plombages » de la cathédrale soient entièrement remplacés par de la pierre d'ici l'an 2010.

Decembre 1996 :
L'UNESCO déclare la cathédrale de Cologne patrimoine mondial.

„Ein großer, kostbarer und ewiger Bau ..."

Die Grundsteinlegung des gotischen Doms am 15. August 1248

The cornerstone ceremony of the gothic cathedral, August 15, 1248

Fondation de la cathédrale gothique, le 15 août 1248

Das Grabmal des Erzbischofs Konrad von Hochstaden im Dom. Er legte am 15. August 1248 den Grundstein zum gotischen Dom.

The tomb of Archbishop Conrad von Hochstaden in Cologne Cathedral. It was Conrad who laid the cornerstone of the Gothic cathedral on August 15, 1248.

Tombeau de l'archevêque Conrad de Hochstaden à la cathédrale. C'est lui qui avait posé la première pierre de la cathédrale gothique, le 12 août 1248.

Die Kölner Honoratioren hatten Angst vor ihm, dem Herrn Erzbischof: „Stets richteten sie sich nach dem Wunsch und Spruch des Bischofs, und nichts geschah, was er nicht wollte. Es kümmerte sie nur eine Sorge, ihre Stellung zu verlieren." Glaubt man der um 1270 geschriebenen Reimchronik des Stadtschreibers Gottfried Hagen, so war der Kirchenmann in Köln so verhaßt wie kein zweiter – mit gutem Grund: Konrad von Hochstaden, Kölner Erzbischof von 1238 bis 1261, regierte „seine" Stadt mit harter Hand – und ohne jede Skrupel. Ein Beispiel: Vertreter der „Geschlechter", jener wohlhabenden Familienverbände, die Anteil am Stadtregiment begehrten, läßt Konrad 1260 in seinem Palast am Domhof kurzerhand gefangensetzen, obwohl er ihnen freies Geleit zugesichert hat. Noch auf seinem Totenbett beweist er Härte – er beschwört seinen designierten Nachfolger, unter keinen Umständen die Haft der Gefangenen zu erleichtern oder gar aufzuheben.

Der Mantel der Geschichte bedeckt die Schwächen großer Männer oftmals mit erstaunlicher Milde: „Im Jahr des Herrn 1248, als der weise Bischof Konrad reich war an Gold, Silber und Edelsteinen, fing er an, große Werke zu tun. Er begann den großen, kostbaren und ewigen Bau, den Dom, an dem heute noch täglich gebaut wird." So wohlwollend beschreibt der Autor der Koelhoffschen Chronik, die im Jahre 1499, also fast genau 250 Jahre nach der Grundsteinlegung erschien, das Wirken Konrads in Köln. Über dieses Ereignis, das stattfand, „als Volk und Klerus Anno 1248 die Himmelfahrt Mariens feierten", berichtet auch eine Gedenktafel im Dom, heißt es weiter.

Seine Weisheit sei dem Bischof zugestanden – doch die Verdienste Konrads um den Dombau beschränken sich im wesentlichen darauf, daß er persönlich den Grundstein legte, eine selbstverständliche bischöfliche Amtspflicht. Bauherr und – noch wichtiger – Träger des Baugedankens war das Domkapitel, das im Herbst 1247 beschlossen hatte, den alten karolingischen Dom, dessen Bau man – zu Unrecht – dem Erzbischof Hildebold (etwa 787 bis 818) zuschrieb, durch eine „moderne" Kirche zu ersetzen.
Nach französischen Vorbildern, den Kathedralen von Chartres und Reims sowie vor allem Amiens, sollte der neue Dom im „neuen" Stil gebaut werden, den man später (und bis heute) als „Gotik" zu bezeichnen pflegte. In einer „Schicksalsstunde der rheinischen Kunst", so der frühere Kölner Stadtkonservator Hans Vogts, wurde ein „Fanal für den gesamten deutschen Raum" gesetzt, es ging um etwas bisher Unerhörtes an künstlerischem Reichtum und Schönheit – „man griff etwas Neues begierig auf, um das beabsichtigte Werk der Bischofskirche und der Ruhestätte der in der ganzen Christenheit höchstverehrten Gebeine der hl. drei Könige aus allen bisherigen Leistungen heraus und über sie zu erheben."

Der Dom als „ewige" Baustelle: Gerüste künden von der steten Tätigkeit der Mitarbeiter der Dombauhütte.
Oben links: Die beiden Steinmetzen Hubert und Gilbert Hilger versetzen eine Kreuzblume in 70 Meter Höhe.

The cathedral as an "eternal" building site: scaffolding bears witness to the unrelenting efforts of the workers of the cathedral's stonemason's lodge. Top left: the stonemasons Hubert and Gilbert Hilger position a finial 70 meters above the ground.

La cathédrale comme construction «éternelle». Les échafaudages témoignent de l'activité constante des ouvriers de l'atelier de rénovation de la cathédrale. En haut à gauche : les tailleurs de pierre Hubert et Gilbert Hilger installent un fleuron à 70 m de hauteur.

Im April 1248 sah es so aus, als sei die Finanzierung des Bauwerks gesichert – den Domherren konnte es plötzlich nicht schnell genug gehen, schon wenige Tage später begannen die Abbrucharbeiten am Alten Dom; zuerst sollten nur Teile der Kirche niedergelegt werden: „Die Baumeister unterhöhlten in großer Eile den östlichen Teil der Kirchenmauern. Sie stützten die Höhlungen mit Hölzern aus und zündeten diese unvorsichtigerweise mit allzugroßer Nahrung für das Feuer an, damit die über ihnen stehende Masse schnell zusammenbreche. Durch einen aufkommenden Wind griff das Feuer rasch um sich und verzehrte jenen edlen, wenn auch alten Kirchenbau mit seinen im Innern herunterhängenden goldenen Kronleuchtern vollständig bis auf die nackten Mauern.“ Einem Mönch aus St. Pantaleon verdanken wir diesen zeitgenössischen Bericht. Der Brand, der in ganz Europa Aufsehen erregte, trug – so sonderbar das klingen mag – dazu bei, daß in der ersten Bauphase relativ zügig gearbeitet werden konnte; die Mittel standen nämlich zur Verfügung. Papst Innozenz IV. gewährte schon im Mai 1248 all denen, die zum Wiederaufbau „jener Kirche, in der die Körper der drei heiligen Magier ruhen“, beitrugen, einen Ablaß. Und selbst der englische König Heinrich III. empfahl, mit Blick auf die traditionell guten Wirtschaftsbeziehungen zu Köln, seinen Untertanen, für den Dombau zu spenden. Schon etwa 1265 ist der Kapellenkranz des Chores bis zu den Gewölben fertiggestellt, im April 1277 kann der betagte Albertus Magnus den Altar der Domsakristei weihen. Die außergewöhnliche Schönheit des entstehenden Chores muß schon damals aufgefallen sein – „der Bau ist in großartigem und geziemendem Schmuck emporgewachsen,“ schreibt Siegfried von Westerburg, jener Erzbischof, dem die Kölner 1288 die Niederlage von Worringen zufügen, neun Jahre zuvor voller Stolz.

Die Bauarbeiten leitete in der ersten Zeit der Steinmetz Meister Gerhard, sozusagen der erste Dombaumeister, der 1257 als Lohn für seine Verdienste ein Haus in der Marzellenstraße gegen Erbzins erhielt (in diesem Haus ist er vermutlich um 1260 gestorben). Ihn haben die Kölner später, als die Bauarbeiten nur noch schleppend vorangingen und 1560 schließlich ganz eingestellt wurden, mitverantwortlich gemacht für jenen Torso, als der sich die unvollendete Kathedrale in späteren Jahrhunderten darbot: Der Leibhaftige höchstpersönlich, so heißt es in einer schönen Sage, habe Meister Gerhard zu einer Wette überreden können; darin stellte Gerhard seine Seele als Pfand, daß er den Dom eher vollenden, als der Teufel, der in Gestalt eines „welschen“ Baumeisters auftrat, eine Wasserleitung von Trier nach Köln legen werde. Klar, daß Satan die Wette gewann – eines Morgens, Gerhard inspizierte wieder einmal die Baufortschritte hoch oben auf dem Baugerüst, quoll aus einem Rohr auf dem Domplatz ein Bach hervor, aus dem sich etliche Enten schnatternd erhoben. Als sich zudem noch ein großer schwarzer Hund auf dem Gerüst zeigte, stürzte sich der entsetzte Dombaumeister mit einem Schrei in die Tiefe, der Hund sprang hinterher, um Gerhards Seele noch im Sturz in die Hölle hinabzuführen; die Baupläne verbrannten – niemand war fortan in der Lage, die Arbeit an der Kathedrale fortzusetzen...

Die Technik des Vergießens schwerer Steine mit Blei wird noch genau so ausgeführt wie im Mittelalter.

The same techniques of casting heavy stone with lead are used as in the middle ages.

La technique de la fonte de plomb dans la pierre est encore utilisée aujourd'hui comme au Moyen Âge.

The dignitaries of Cologne feared him, this archbishop: "They always obeyed the bishop's every wish and whim, and nothing ever happened without his consent. Their only concern was not to lose their position." If one believes the chronicler Gottfried Hagen, this member of the Cologne clergy was hated like no one else – and with good reason: Conrad von Hochstaden, Archbishop of Cologne from 1238 to 1261, ruled "his" city with an iron hand and without any scruples. An example: In 1260, Conrad unceremoniously arrested the representatives of the "Patricians" – those wealthy clans who aspired to a voice in the rule of the city – in his palace by the cathedral courtyard, although he had pledged them safe conduct. Even on his deathbed his harshness prevailed: He implored his designated successor not to relieve in any way the conditions of the prisoners, let alone release them.

But the cloak of history often kindly conceals the weakness of great men: "In the year of our Lord 1248, when the wise Bishop Conrad was rich with gold, silver and gemstones, he set out to perform great works. He initiated that great, precious and eternal structure, the cathedral, on which construction is continuing daily even in our time." Such kindness was bestowed on Conrad's actions by the author of the Koelhoff Chronicle, published in 1499 – almost exactly 250 years after the cornerstone ceremony. He goes on to tell about a communicative plaque in the cathedral recording that event, which took place "in 1248, when the people and the clergy were celebrating the Assumption of Mary."

One wouldn't challenge Bishop Conrad's wisdom – but his accomplishments with regard to the cathedral amounted to no more than laying the foundation stone, a normal episcopal duty. The credit for the construction and – even more important – the idea for the project, belongs to the chapter of the cathedral: In the fall of 1247, the chapter had decided to replace the old Carolingian cathedral, whose construction was wrongly ascribed to Archbishop Hildebold (787 – 818), by a "modern" church. The cathedral was to be built in the "new" style – later (and still today) known as "gothic" – based on French examples: the cathedrals of Amiens, Chartres and Reims. In an "hour fateful for Rhenish art," to quote former Cologne curator Hans Vogts, "a torch was lit for the entire German realm. ... At issue was a thing of artistic abundance and beauty as never before experienced. ... There was an eagerness to embrace something new – to set the planned episcopal church and resting place of the Three Magi, so highly revered by all Christendom, apart from and indeed above all prior accomplishments."

In April of 1248 it appeared that the financing of the project had been secured, and suddenly nothing was moving fast enough for the canons: In a matter of days, the demolition of the Old Cathedral was started. The plan was to tear down only portions of the church: "With great haste, the construction crew excavated underneath the eastern portion of the church walls. They shored up the excavated spaces with wooden beams as they went, then set fire to these, to cause the massive walls above to collapse quickly. As it turned out, they had planted much more firewood than was needed: As a swift wind arose, the flames spread rapidly and consumed the entire, venerable church, right up to its golden chandeliers, until nothing was left but a blackened shell." This contemporary report we owe to a monk from St. Pantaleon. This fire created a sensation all over Europe, but – strange as it may sound – it allowed the work in the initial construction phase to proceed relatively fast and smoothly. Because the resources were available: As early as May, 1248, Pope Innocent IV had granted an indulgence to anyone who contributed to the rebuilding of "that church wherein the bodies of the Three Magi are resting." And even King Henry III of England – with a view to traditionally good economic relations with Cologne – urged his subjects to make donations toward the construction of the cathedral. In 1265 already, the semicircle of chapels attached to the choir was completed up to the vaults; and in April of 1277, the aged Albertus Magnus was able to consecrate the altar in the sacristy of the cathedral. The extraordinary beauty of the choir, even under construction, must have already been noted. "The building has arisen in great and fitting splendor," proudly noted Archbishop Siegfried von Westerburg, who would be defeated by Cologne's forces at Worringen nine years later, in 1288. The construction was directed by the stonemason Master Gerhard, who might be called the first master cathedral builder and was granted a house in the Marzellenstraße in 1257, on a hereditary lease. (He presumably died in that house around 1260). In later years, when the construction efforts progressed only haltingly and were discontinued altogether in 1560, the people of Cologne heaped some of the blame on Master Gerhard for the unfinished state of the cathedral, which was left resembling a torso during the ensuing centuries: In a quaint legend, the devil incarnate himself was said to have persuaded Master Gerhard to a bet. Master Gerhard pledged his soul that he could complete the cathedral sooner than the devil (who had materialized as a French master builder) could build a viaduct from Trier to Cologne. Evidently, Satan won the bet: One morning, Gerhard was inspecting the building's progress – as he was wont to – high up on the scaffold, when a brook suddenly gushed forth from a pipe in the cathedral square, from which several ducks alighted with their characteristic cackling. When, on top of that, a huge black dog appeared on the scaffold, the terrified master builder threw himself from the platform, and the dog leaped after him to snatch his soul to hell from his tumbling body. Then the building plans burned up, and henceforth no one was able to complete the cathedral ...

Blick in den eisernen Dachstuhl und den Unterbau des Dachreiters, ausgeführt in den Jahren 1859/60.

A view of the iron trusses of the cathedral roof and the substructure of the ridge turret, constructed in 1859/60.

Vue sur la charpente métallique du toit et sur le clocheton, réalisé en 1859/60.

Auch knifflige Arbeiten gehören zum Alltag der Steinmetzen der Dombauhütte.
Rechts oben: Abguß eines Engelchens vom Baldachin der Westfassade.

Stonemasons of the cathedral's stonemason's lodge performing in intricate work.
Top right: cast of a cherub from the baldachin on the western facade.

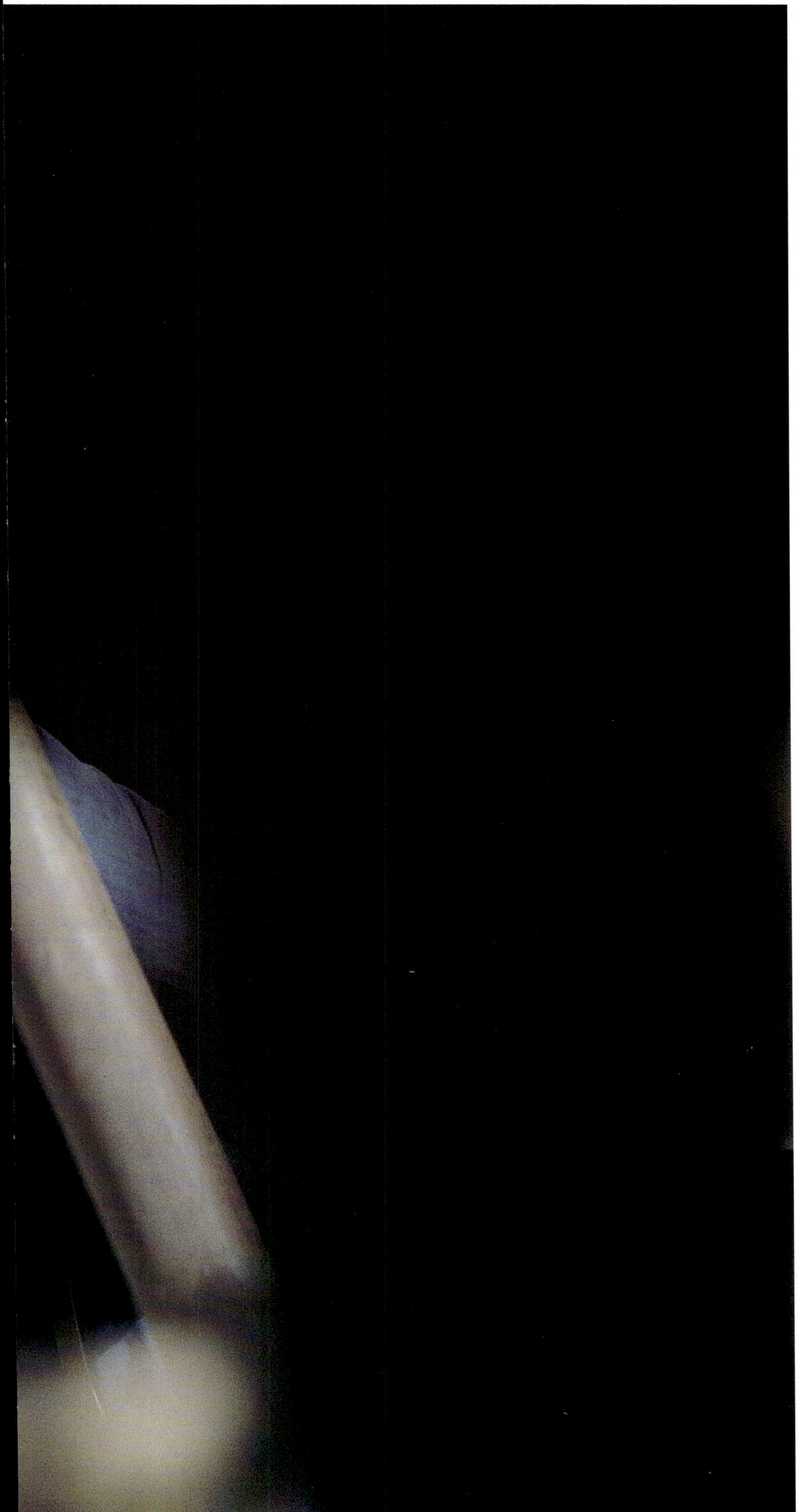

Le délicat travail des tailleurs de pierre de l'atelier de rénovation de la cathédrale.
En haut à droite, moulage d'un angelot du baldaquin de la façade occidentale.

Les notables de la ville craignaient l'archevêque : « Ils se soumettaient toujours aux désirs de l'évêque et rien ne se passait qu'il n'ait lui-même voulu. Ils n'avaient qu'une crainte : perdre leur position ». Si l'on en croit le chroniqueur Gottfried Hagen, cet homme d'église était plus haï que quiconque à Cologne – et ce, à juste titre : archevêque de 1238 à 1261, Conrad de Hochstaden dirigeait « sa » ville d'une main de fer, sans aucun scrupule. Ainsi, par exemple, fait-il emprisonner en 1260 dans son palais, près de la cathédrale, sans autre forme de procès, les représentants des grandes familles réunies qui souhaitaient participer au régiment municipal, bien qu'il leur ait auparavant assuré toute liberté. Conrad manifesta sa dureté jusque sur son lit de mort, en faisant jurer à son successeur qu'il n'amoindrirait ni n'annulerait, à quelque condition que ce soit, les peines des prisonniers.

Le manteau de l'histoire amoindrit souvent de manière étonnante les faiblesses des grands hommes : « En l'an de grâce 1248, alors qu'il était riche en or, en argent et en pierres précieuses, le sage évêque Conrad entreprit de grandes oeuvres. Il mit en chantier une grande construction somptueuse et éternelle, la cathédrale, qui est encore au-

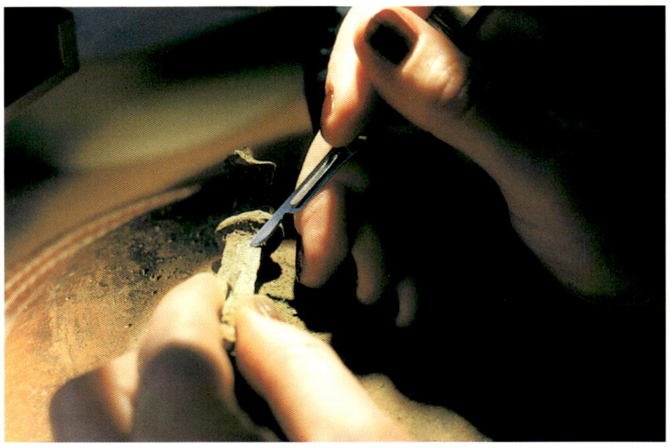

Nahaufnahmen von Arbeiten, die mit äußerster Präzision ausgeführt werden müssen.
Links unten: Dombaumeister Professor Dr. Arnold Wolff.

Close-ups of work requiring painstaking precision.
Bottom left: Cathedral Architect Arnold Wolff.

Gros plans sur des travaux de haute précision.
En bas à gauche, l'architecte de la cathédrale, Arnold Wolff.

Die Konturen eines Werkstückes werden angerissen. Unten: Ein Steinmetz bearbeitet mit dem Preßluftmeißel eine Krabbe für einen Strebebogen.

Contours scribed into a workpiece. Bottom: a stonemason working on the crocket of a flying buttress with a pneumatic chisel.

Tracé des contours d'une pièce. En dessous, un tailleur de pierre sculpte un feuillage de l'arc-boutant avec un burin à air comprimé.

jourd'hui en travaux. » C'est ainsi que l'auteur de la chronique de Koelhoff décrivait avec bienveillance, en 1499, près de 250 ans après la pose de la première pierre, l'influence de Conrad à Cologne. Une plaque commémorative dans la cathédrale relate également cet événement, qui eût lieu « en l'an 1248, alors que le peuple et le clergé fêtaient l'Assomption de Marie ».

Si l'on peut concéder une certaine clairvoyance à l'évêque, les mérites de Conrad quant à la construction de la cathédrale se sont en fait limités à la pose de la première pierre, qui relevait évidemment de ses fonctions d'évêque.

Le véritable maître d'oeuvre et instigateur du projet de construction fut plutôt le Chapitre de la cathédrale, qui décida en 1247 de remplacer l'ancienne église carolingienne – dont on attribue à tort la construction à l'archevêque Hildebold (787 à 818) – par une église « moderne ». Inspirée des modèles français des cathédrales de Reims et de Chartres, ainsi que d'Amiens, la nouvelle cathédrale devait être construite selon le style« nouveau », qu'on allait appeler « gothique » par la suite (et ce jusqu'à aujourd'hui). Ce « moment décisif de l'art rhénan », selon l'expression du conservateur de la ville Hans Vogts, allait instaurer un « modèle pour l'ensemble du territoire allemand », d'une richesse artistique et d'une beauté encore inédites à l'époque : « on voulait créer quelque chose de tout à fait nouveau afin que l'église épiscopale où allaient reposer les reliques des trois Rois Mages, vénérées dans toute la Chrétienté, dépasse et s'élève au-dessus de tout ce qui avait été fait jusqu'alors ».

En avril 1248, le financement du chantier semble être assuré. Le maître d'oeuvre est si pressé, que les travaux de démolition de l'ancienne cathédrale commencent aussitôt après. À l'origine, seules quelques parties de l'ancienne église devaient être détruites : « Les ouvriers creusèrent sous le mur oriental en grande hâte et mirent des tréteaux de bois pour soutenir temporairement les cavités ainsi formées. Ils allumèrent ensuite un feu pour faire tomber les murs. Mais, l'ayant trop nourrit, celui-ci prit des proportions inattendues. La masse de pierre s'effondra aussitôt et le vent fit sétendre le feu au reste de l'église, qui consomma jusqu'aux candélabres en or, ne laissant finalement que les murs nus ». Nous devons ce récit à un moine de St-Pantaléon. L'incendie suscita un grand émoi dans toute l'Europe et contribua – aussi étrange que cela puisse p araître – à accéler les travaux au cours de la première phase de la reconstruction. En outre, on disposait maintenant des moyens nécessaires. En mai 1248, le pape Innocent IV accorda une indulgence à tous ceux qui participeraient à la reconstruction de « cette église où reposent les

restes des trois Rois Mages ». Même le roi d'Angleterre, Henri III, suggéra à ses sujets de contribuer à la reconstruction de la cathédrale, en regard des bonnes relations économiques que son pays entretenait traditionnellement avec Cologne. Le choeur est terminé dès 1265, mis à part les voûtes. En avril 1277, Albert le Grand, déjà très âgé, bénit l'autel de la sacristie. La beauté extraordinaire du choeur faisait déjà l'objet d'admiration à l'époque : « l'ouvrage s'est épanoui en un magnifique et parfait joyau » écrit fièrement Siegfried de Westerburg, l'archevêque qui allait être à la tête de la défaite de Worringen en 1288, neuf ans après.

Maître Gérard fut le premier maître d'oeuvre de la cathédrale et dirigea la phase initiale des travaux. Il fut récompensé pour ses mérites par l'octroi d'un bail emphytéotique pour une maison dans la rue Marzellen en 1257 (où il serait mort en 1260). Plus tard, alors que les travaux avaient considérablement ralenti – ils allaient être tout à fait interrompus en 1560 – on le rendit responsable de l'inachèvement de la cathédrale. Une légende raconte en effet que Maître Gérard aurait fait un pari avec le diable et aurait mis son âme en gage. Le pari était que la cathédrale serait achevée avant que le diable – qui apparu sous la forme d'un architecte français – ne parvienne à installer une conduite d'eau entre Trèves et Cologne. Évidemment, c'est Satan qui gagna le pari. Un beau matin, alors que Gérard inspectait l'avancement des travaux du haut des échafaudages, un ruisseau sorti d'un tuyau sur le parvis de la cathédrale et l'eau se mit à couler. D'innombrables canards s'envolèrent en caquetant tandis qu'un grand chien noir apparut sur les échafaudages. Horrifié, Gérard se précipita dans le vide en poussant un cri. Le chien sauta à sa suite pour attraper l'âme de Gérard et l'emmener en enfer. Les plans de la cathédrale brûlèrent et personne ne fut en mesure de poursuivre les travaux...

Glasstrahlarbeiten am Strebewerk des Chores: Reinigung des Muschelkalkes von Gipskrusten.

Cleaning gypsum crust from the shell-limestone of a buttress of the choir with a spray of fine glass particles.

Nettoyage du calcaire au jet de sable sur les contreforts du choeur.

„...und war große Freude zu Köln“

Der Dom als „öffentliches Haus“: Die Wahl Ferdinands I. zum römischen König

The cathedral serving as a “public institution”: The election of Ferdinand I as roman King

La cathédrale comme « maison publique » : l’élection de Ferdinand Ier comme roi romain.

Trauerfeier für den sechs Tage zuvor gestorbenen ersten Kanzler der Bundesrepublik Deutschland: In seiner Heimatstadt Köln, in der Konrad Adenauer von 1917 bis 1933 und noch einmal 1945 das Amt des Oberbürgermeisters inne hatte, nehmen am 25. April 1967 Tausende von Menschen Abschied von dem Toten. Im Dom zelebriert Erzbischof Josef Kardinal Frings ein Pontifikalamt, an dem zahlreiche Staatsoberhäupter, darunter Frankreichs Präsident Charles de Gaulle und US-Präsident Lyndon B. Johnson teilnehmen. Einmal mehr dient der Dom in den Apriltagen 1967 als Schauplatz staatlicher „Öffentlichkeit".

Im hohen und späten Mittelalter war es üblich, daß der in Aachen gekrönte deutsche König einen Ritt durchs Reich unternahm; in der Regel war Köln die erste Station dieses Umritts, im Dom betete der neue König am Dreikönigenschrein. In der „Goldenen Bulle" hat dann Karl IV. die Reichsstadt Frankfurt als Ort der Königswahl festgeschrieben – 1556 versammelte sich das zur Wahl berechtigte Gremium, die Kurfürsten des Heiligen Römischen Reichs deutscher Nation, indessen in Köln, um den Habsburger Ferdinand zum „König der Römer" zu küren, so der offizielle Titel des Königs, der zugleich das Anrecht auf die römische Kaiserkrone beinhaltete. Der Kölner Chronist des 16. Jahrhunderts, Hermann von Weinsberg, schildert das Ereignis: „Anno 1531, den 5. Januar, ist Ferdinandus, König zu Ungarn und zu Böhmen und Erzherzog von Österreich, zum römischen König und künftigen Kaiser in Köln im Dom von allen Kurfürsten, außer dem Herzog von Sachsen, gewählt worden. Wahltag war der Abend vor dem Dreikönigstag. Bischof Hermann von Köln hatte dies zuwege gebracht, weil man an diesem Tag in Stadt und Kurstift Köln den Freudenkönig zu wählen pflegt. Die Wahl aber war deswegen geschehen, weil der Kaiser, Carolus V., viel Königreiche und Länder außer dem Reiche regieren muß und nicht ständig in Deutschland sein kann, deshalb wird ihm sein Bruder zum Mithaupt gegeben, der auch den Türken näher sitzt. Zu Frankfurt aber war die Messe abgeschafft und die Stadt lutherisch geworden; deshalb geschah die Wahl zu Köln. Und sobald die Wahl geschehen war, spielte man oben rundum allerlei Musik und sang das Tedeum laudamus, und als sie aus dem Dom traten, regnete es gar sehr, und aus einer Dachkalle rann es dem König Ferdinand über seine perlenbestickte breite Mütze und silbernen Rock, als er aufs Pferd stieg und mit Kaiser Karl und allen anderen Fürsten zum Nikasiushof auf dem Neumarkt reiten wollte. In der Stadt wurden allerwärts die Glocken geläutet und die Büchsen auf den Türmen abgeschossen und war große Freude zu Köln."

Anläßlich dieser Wahl fertigte der Künstler Anton Woensam eine der schönsten Stadtansichten – die 3,50 Meter breite „Große Ansicht von Köln" (siehe S. 15, Ausschnitt), die der Drucker Peter Quentell dem Kaiser und dem neugewählten König persönlich überreichte. Bei dem erwähnten „Bischof Hermann" handelt es sich im übrigen um Hermann V. von Wied, der seit 1515 als Erzbischof amtierte. Er gehört in die Reihe jener Kölner Kirchenfürsten, die theoretisch an den – 1288 als Folge der Schlacht von Worringen verlustig gegangenen – Herrschaftsrechten über die Stadt Köln festhielten, andererseits den politischen Realitäten Rechnung zu tragen hatten, d. h. zumeist in Bonn residierten und die Stadt Köln äußerst selten betreten konnten. 1521 hatte Hermann seinen feierlichen Antrittsbesuch (lat. „introitus") in der Stadt zelebriert und die Huldigung der Kölner empfangen; gleichzeitig aber mußte er alle Freiheiten und Gewohnheiten der Kölner bestätigen; die fühlten sich nämlich mit gewissem Recht als freie Bürger eines freien Gemeinwesens, einer Reichsstadt, die nur den König/Kaiser als Oberhaupt anerkannten – schließlich war die Stadt seit dem Ende des 14. Jahrhunderts auf den Reichstagen vertreten und gehörte damit zu den „Reichsständen". 1475 hatte Kaiser Friedrich III. diese mühsam erkämpfte Stellung auch reichsrechtlich sanktioniert. Zu Zeiten des Erzbischofs Hermann war Köln als größte und bedeutendste deutsche Stadt die Sprecherin aller Reichsstädte; der Bischof war bei der Wahl Ferdinands somit auch nur Gast in Köln.

Bilder von der farbenfrohen Fronleichnamsprozession des Jahres 1997, sie ist traditionell einer der Höhepunkte des rheinischen Kirchenjahres: 1277 fand die erste Fronleichnamsprozession in Köln statt, seit der Barockzeit geht die Kölner Hauptprozession vom Dom aus durch einen großen Teil der alten Römerstadt.

Pictures of the Corpus Christi procession in 1997 - a traditional highlight in the ecclesiastical calendar. Cologne's first Corpus Christi procession took place in 1277: since Baroque times, the main procession in Cologne has proceeded from the cathedral through a large portion of the old Roman town.

Images de la procession de la Fête-Dieu en 1997. Traditionnellement, l'un des événements majeurs de l'année ecclésiastique. La première procession de la Fête-Dieu à Cologne remonte à 1277. Depuis l'époque baroque, cette procession – la plus importante de Cologne – part de la cathédrale et traverse une grande partie de l'ancienne ville romaine.

Bild oben: Bei der Arbeit – Domgeistliche im Gebet. Rechtes Bild: Der Kölner Erzbischof Joachim Kardinal Meisner (Mitte) im Kreise seiner Prälaten.

Top: Cathedral clergymen at prayer. Foto right: Joachim Cardinal Meisner (center), Archbishop of Cologne, attended by his prelates.

Fast Forward to April 25, 1967: The memorial service for Conrad Adenauer – the first chancellor of the German Federal Republic, who had died six days before. In his native city of Cologne, where Adenauer served as mayor from 1917 to 1933 and in 1945, thousands of citizens come to pay their last respects. In the cathedral, Archbishop Joseph Cardinal Frings celebrates the Pontifical Mass with many heads of state attending, among them France's president Charles de Gaulle and US president Lyndon B. Johnson. Once again, in these April days of 1967, the cathedral serves as a setting for the public affairs of the state.

In the high and late Middle Ages, it was customary for the German king, after being crowned in Aachen, to journey through Germany on horseback. As a rule, Cologne was the first stop, where the king would pray by the Shrine of the Three Magi. In the "Golden Bull", Charles IV later designated the free imperial city of Frankfurt as the site of the election of the king. However, in 1531, the electoral council – the prince electors of the "Holy Roman Empire, German by Nation" (as it was known) – assembled in Cologne to elect Ferdinand of Hapsburg as "King of the Romans", the formal title of the king, which also included the rights to the imperial crown of Rome. The Cologne chronicler of the sixteenth century, Herman von Weinsberg, described the event: "In the year 1531, on the fifth of January, Ferdinandus, King of Hungary and of Bohemia, Archduke of Austria, has been elected as King of Rome and future emperor in Cologne in the Cathedral by all prince electors, excepting the Duke of Saxony. The

En haut : Au travail – la prière des prêtres. Photo à droite : le cardinal-archevêque Joachim Meisner (au centre) entouré de ses prélats.

election day was on the eve of Epiphany. Bishop Herman of Cologne has brought this about because on this day it is customary in the city and in the electoral church to elect the "King of Joy". But the reason for the election was this: The Emperor, Carolus V, must reign over many kingdoms and countries outside Germany, and he therefore can't always be in Germany. So his brother was assigned to him as an adjunct ruler, who moreover resides closer to the Turks. In Frankfurt, Mass has been abolished. Therefore the election was held in Cologne. And as soon as the election was completed, one played all sorts of music above and sang the Tedeum Laudamus, and when they stepped forth from the cathedral, it rained frightfully, and the water from a roof gutter ran all over King Ferdinand's pearl – embroidered hat and silver coat, as he was mounting his horse, preparing to ride to the Nikasius Mansion on the New Market with Emperor Charles and all the other princes. Everywhere in the city the bells were ringing, and guns were fired from the towers, and there was great joy in Cologne."

For the occasion of this election, the artist Anthony Woensam rendered one of the most beautiful panoramic views of the city ever, the "Great View of Cologne" – 3.50 meters (over 11 ft., see detail, page 15) in width, which the printer and publisher Peter Quentell personally presented to the emperor and the newly elected king. The above – mentioned "Bishop Herman", incidentally, was Herman V von Wied, who served as archbishop since 1515. He was one of those princes of the Church in Cologne, who in theory clung to the rights of government of the City of Cologne – which they had actually lost as a consequence of the battle of Worringen in 1288, but who on the other hand had to face up to political realities and resided mostly in Bonn, visiting Cologne only on rare occasions. In 1521, Herman had celebrated his festive inaugural visit (Latin: introitus) to the city and received the homage of the residents of Cologne. But, at the same time, he had to affirm all the rights and privileges of these citizens, who felt with some good reason that they were free citizens in a free community – a free imperial city that recognized the king-emperor as its sole ruler. After all, since the end of the fourteenth century, the city had been represented as a member at the imperial diet, and therefore belonged to the "imperial estates" (ranking equally in its voting privileges with archdukes, bishops, archbishops and margraves). And in 1475, Emperor Frederick III had validated this hard-won position under imperial law. In the days of Archbishop Herman, Cologne was the largest and most significant of all German cities and acted as spokesman for all free imperial cities. So, at the election of Ferdinand, the bishop was only a guest in Cologne.

Auch der Nachwuchs ist mit großem Ernst bei der Sache. Links unten: Kölns Erzbischof, der früher in Ost-Berlin tätig war, als leidenschaftlicher Prediger.

Even the potential clergy of the future take things seriously. Bottom left: Cologne's Archbishop - who formerly held office in Berlin - is known as a passionate preacher.

Les jeunes participent également avec le plus grand sérieux. En bas à gauche, un prédicateur passionné : l'archevêque de Cologne, autrefois attaché à Berlin-Est.

25 avril 1967. Funérailles du premier chancelier de la République allemande, Konrad Adenauer, décédé six jours auparavant. Des milliers de personnes viennent rendre un dernier hommage à celui qui fut bourgmestre de Cologne – sa ville natale – de 1917 à 1933, puis à nouveau en 1945. Le cardinal-archevêque Josef Frings célèbre un office pontifical auquel prennent part de nombreux hommes politiques, parmi lesquels le président français Charles De Gaulle et le président américain Lyndon B. Johnson. En ces jours d'avril 1967, la cathédrale redevient une fois encore le théâtre d'événements publics et politiques.

Dans le Bas et le Haut Moyen-Âge, la coutume voulait que les rois allemands couronnés à Aix-la-Chapelle entreprennent un voyage à travers leur royaume. Cologne était généralement la première étape de ce périple, où le nouveau roi allait prier devant le reliquaire des Rois Mages. Dans sa « Bulle d'or » de 1356, Charles IV avait fait de la cité impériale de Francfort la ville d'élection du roi. Or, en 1531, c'est pourtant à Cologne que le comité d'élection se réunit – formé des Électeurs du Saint-Empire germanique de la nation allemande – pour élire Ferdinand Ier de Habsbourg «roi des Romains», titre qui lui donnait également droit à la couronne de l'empire romain. Comme l'explique Hermann de Weinsberg, chroniqueur à Cologne au 16e siècle : « Le 5 janvier de l'an 1531, à Cologne, Ferdinandus, roi de Hongrie et de Bohême et archiduc d'Autriche est élu roi romain et futur empereur par tous les Électeurs, sauf l'Électeur de Saxe. Son élection eut lieu la veille du Jour des Rois. L'évêque Hermann de Cologne en avait décidé ainsi puisque c'était traditionnellement le jour de l'élection du « Roi joyeux » dans la ville et le siège électoral de Cologne. Cette élection avait été décidée par l'empereur Charles Quint, frère de Ferdinand, qui avait de nombreux royaumes et pays à gouverner en dehors de l'empire, et ne pouvait être constamment en Allemagne. En outre, Ferdinand était plus près des Turcs. La messe ayant été abolie à Francfort et la ville étant devenue luthérienne, la cérémonie eut donc lieu à Cologne. Une fois l'élection accomplie, l'on joua toutes sortes de musiques et l'on chanta le Tedeum laudamus. Une forte pluie attendait l'assemblée à la sortie de la cathédrale. Le grand couvre-chef brodé de perles et l'habit d'argent du roi Ferdinand furent éclaboussés par de l'eau tombant d'une gargouille, au moment où celui-ci montait sur son cheval pour aller avec l'empereur Charles et les Électeurs à la Cour de Nikasius, au Neumarkt. Les cloches résonnaient de partout dans la cité et l'on pouvait entendre les fusils des tours de garde pétarader. Une grande joie régnait à Cologne. »

L'artiste Anton Woensam grava à cette occasion l'une des plus belles représentations de la ville qui soient – d'une largeur de 3 m 50, voir page 15, détail, – que l'imprimeur Peter Quentell alla offrir à l'empereur et au nouveau roi. L'évêque « Hermann » dont il est question ici désigne Hermann V de Wied, qui faisait office d'archevêque depuis 1515. Il était de ces princes de l'Église de Cologne qui aspiraient à exercer leurs droits sur la ville – perdus en 1288, suite au combat de Worringen – mais qui devaient également tenir compte des réalités politiques et étaient contraints de résider à Bonn, étant rarement autorisés à pénétrer la cité de Cologne. Bien qu'il ait célébré son « Introitus » en 1521 à Cologne et reçut les hommages de ses citoyens, Hermann dut toutefois reconnaître les libertés des habitants de la ville. Ces derniers se concevaient à juste titre comme les citoyens libres d'une communauté libre, habitants d'une cité impériale et ne se reconnaissant comme chefs que le roi ou l'empereur. Enfin, la cité était présente depuis la fin du 14e siècle aux Diètes impériales et faisait donc partie des hauts représentants de l'Empire. L'empereur Frédéric III avait même sanctionné juridiquement cette position durement acquise en 1475. A l'époque de l'archevêque Hermann, Cologne était la plus grande et la plus importante des cités allemandes et s'exprimait au nom des cités impériales. L'évêque était donc présent à l'élection du roi à titre d'invité.

„Das Pilgerzentrum West“

Wie die Heiligen Drei Könige nach Köln kamen

How the Three Magi came to Cologne

Comment les Rois Mages vinrent à Cologne.

Bild rechts oben: Detail vom Dreikönigenschrein – Anbetung des Jesuskindes auf dem Schoße der Gottesmutter durch die Heiligen Drei Könige. Links König Otto IV., der um das Jahr 1200 einen Betrag zur Fertigstellung des Schreins stiftete.

Top right: detail of the Shrine of the Three Magi: The Three Magi worshipping the infant Jesus on the lap of the Virgin Mary.
Left: King Otto IV, who contributed money to the completion of the shrine in the year 1200.

En haut à droite: détail de la châsse des trois Rois mages. Adoration de l'Enfant Jésus sur les genoux de la Vierge Marie par les Rois mages.
A gauche, le Roi Otto IV, qui fit un don pour lâchèvement de la châsse en 1200.

Reliquienver(m)ehrung auf gut kölsch: Einige „heilige Jungfrauen“, darunter die englische Königstochter Ursula, hätten zur Zeit des Hunnenkönigs Attila (Mitte 5. Jahrhundert) in Köln das Martyrium erlitten, überliefert eine alte Legende. Noch im 10. Jahrhundert glaubte man, zehn Begleiterinnen seien der Heiligen in den Tod gefolgt. Als man indessen im Jahre 1106 bei den Arbeiten an der neuen Stadtbefestigung ein römisches Gräberfeld entdeckt, gibt es für die Kölner keinen Zweifel – das muß die vermeintliche Ruhestätte der heiligen Jungfrauen sein; die große Zahl der gefundenen Gebeine läßt auch die Anzahl der Märtyrerinnen gewaltig anschwellen. Gleich 11 000 Jungfern, so heißt es nun, haben die mordlustigen Hunnen dahingemetzelt. Daß man auf dem „ager Ursulanus“ auch Gebeine von Männern und Kindern findet, ist nur kurzfristig ein Problem: Auf Anfrage des Abtes Gerlach von Deutz erklärt die berühmte Seherin Elisabeth von Schönau, eine Reihe von Bischöfen und Klerikern habe die heilige Ursula nach Köln begleitet, um mit ihr den Märtyrertod zu erleiden. Nun beteiligen sich auch die Benediktinermönche von Deutz an der Ausdeutung der gefundenen Knochen und damit am schwunghaften Reliquienhandel. Ganze Wagenladungen von Gebeinen gehen über den Rhein nach Deutz, wo man sie mit Namensschildchen („tituli“) versieht – der Phantasie sind angesichts von elftausend Jungfrauen keine Grenzen gesetzt.

Schon vor der Überführung der Gebeine der Heiligen Drei Könige in den alten Dom war Köln also eine Hochburg der Reliquienverehrung, seit 1164 gilt die Stadt indessen als Wallfahrtsort von europäischem Rang, nur vergleichbar mit Rom und Santiago de Compostela: „Von jener Zeit an,“ schreibt ein Lütticher Chronist, „begann Köln zuzunehmen an Namen und Ruhm, so daß, angezogen und angelockt durch den süßen Duft der Hl. Könige, von den Inseln des Meers und aus den verschiedenen Ländern die Gläubigen unaufhörlich zusammenströmen, Iren, Bretonen, Engländer und Spanier, auch aus Italien, Sizilien und Gallien, um hier ihre Gelübde zu erfüllen, die sie gelobt haben.“

Wer war der Mann, dem Köln diesen Aufstieg zum „Pilgerzentrum West“ (wie Martin Stankowski so schön formulierte) zu verdanken hat? Reinald von Dassel, Erzbischof von 1159 bis 1167, weilte in seinen acht Amtsjahren nicht einmal ein Jahr und nur im Sommer 1166 für einige Monate in seinem Bistum, zum Priester und zum Bischof geweiht wurde er erst 1165; Papst Hadrian hatte schon Reinalds Wahl zum Kölner Metropoliten verdammt, sein Nachfolger Alexander III. nannte ihn „den Urheber und das Haupt der Aufwiegelung in der Kirche“. Reinald war in erster Linie Kanzler des Reiches, das seit seiner Amtszeit als „sacrum imperium“ (Heiliges Reich) bezeichnet wurde, und er war der wichtigste Ratgeber des Kaisers Friedrich I., in Italien mit dem Beinamen „Rotbart“ („Barbarossa“) geehrt. „Niemand“, so lobt die Kölner Königschronik (um 1175), „diente dem Kaiser treuer und ergebener als der Kölner Erzbischof“, vor allem in den Auseinandersetzungen mit dem Papsttum und den lombardischen Städten. Nach der Niederwerfung des rebellischen Mailand erbat sich Reinald als Geschenk und Gnadenerweis des Kaisers die Reliquien der Märtyrer Nabor und Felix – und einen Sarg mit drei Leibern, der erst wenige Jahre zuvor in der Kirche des hl. Eustorgius vor den Toren der Stadt entdeckt worden war; den Inhalt des Sarges deutete man als die Gebeine jener Weisen (lat. „magi“) aus dem Morgenland, die als erste den gerade geborenen Heiland angebetet hatten.

Wie der umstrittene Kirchenmann in den Besitz der Reliquien der Magier gelangte, wie er sie über die Alpen schaffte, darüber ist eine Unzahl von Legenden entstanden – eine der schönsten, die Johannes von Hildesheim im 14. Jahrhundert niederschrieb, erzählt die biblische Geschichte der längst zu Königen

Eines der Prunkstücke des Domschatzes: der Schrein des 1225 ermordeten Erzbischofs Engelbert von Berg, im Jahre 1633 vom Goldschmied Konrad Duisbergh vollendet.

One of the showpieces of the cathedral treasure: the shrine of Archbishop Engelbert von Berg, murdered in 1225; the shrine was completed in 1633 by goldsmith Conrad Duisbergh.

Un des joyaux du trésor de la cathédrale : la châsse de l'archevêque Engelbert von Berg assassiné en 1225, réalisée en 1633 par l'orfèvre Conrad Duisbergh.

beförderten Weisen nach, berichtet von ihrer Taufe durch den hl. Thomas und erläutert auch, daß ihre sterblichen Überreste via Konstantinopel – dorthin ließ sie Helena, die Mutter Konstantins des Großen, schaffen – später auf Fürbitten des Bischofs Eustorgius nach Mailand kamen.

Den Kölnern, denen Reinald angekündigt hatte, daß „mit dem neuen Schatz die hl. Kirche und die Stadt auf das glücklichste bereichert und geschmückt werden", fragten sich wohl nicht, ob es gerechtfertigt sei, Heiligtümer und Kirchenschätze aus einer zerstörten Stadt zu rauben – sie empfingen den Bischof und seine Beute am 23. Juli 1164 mit Glockengeläut und unter großem Jubel, „ehrenvoll und glänzend, da er die Reliquien zum ewigen Ruhme Deutschlands nach Köln brachte." Der prachtvolle Schrein, der nach 1180 unter Leitung des Goldschmiedes Nikolaus von Verdun für die Gebeine der Heiligen angefertigt wurde, stand in der Mitte des karolingischen Doms, darüber hing ein gewaltiger, mit 96 Kerzen besetzter Kronleuchter. Einen der Gründe für den Bau der gotischen Kathedrale nennt auch Johannes von Hildesheim: „Und als der alte Dom, der noch aus Hildebolds Zeiten stammte, seines Alters wegen Schaden genommen hatte, da begann Erzbischof Konrad von Hochstaden den Bau des neuen Doms, in dem nun die Heiligen Drei Könige rasten und ruhen sollen bis zum Jüngsten Tag."

Auch Werke neuzeitlicher Kölner Künstler sind im Domschatz vertreten: Die Büste des hl. Sebastianus (mit Kettenhemd), der als zum Christentum übergetretener Anführer der Leibwache Kaiser Diokletians das Martyrium erlitt, schuf Franz Wüsten im Jahre 1875.
Rechts: Perikopenbuch, Einband mit Email und Bergkristall (Hans Rheindorf, 1952).

The works of more modern Cologne artists are also represented in the cathedral treasure: this bust of St. Sebastianus (clad in chain mail) - leader of the bodyguard of Roman Emperor Diocletianus and martyred for converting to Christianity - was created by Franz Wüsten in the year 1875. Right: book of pericope, bound and decorated with enamel and rock crystal (Hans Rheindorf, 1952).

Le trésor de la cathédrale comporte également des oeuvres d'artistes modernes. Ce buste de Saint-Sébastien (portant une cote de mailles), qui souffrit le martyr pour s'être converti au christianisme alors qu'il etait capitaine de la garde prétorienne de l'empereur Dioclétien, a été réalisé par Franz Wüsten en 1875. A droite, livre de péricopes à reliure en émail et cristal de roche (Hans Rheindorf, 1952).

Adoration (and multiplication) of relics, Cologne style: An ancient legend tells of several "holy virgins" – among them Ursula, daughter of an English King – suffering martyrdom in Cologne during the time of Attila, King of the Huns (mid-fifth century). In the tenth century it was still believed that ten companions of the Saint had followed her into death. But when a Roman burial field was discovered in 1106 during work on new city fortifications, the people of Cologne had no doubt that this was the legendary resting place of the holy virgins. And the supposed number of martyred maidens ballooned immensely, in accord with the large quantity of discovered bones. Now the story developed that the murderous Huns had massacred eleven thousand innocent maidens. The problem that bones of men and children were also found on the "Field of Ursula" was swiftly dispensed with: At the request of Abbot Gerlach of Deutz, the celebrated prophetess Elizabeth von Schönau was consulted. And she

declared that a number of bishops and other churchmen had accompanied St. Ursula to Cologne to join her in a martyr's death. Now the Benedictine monks of Deutz joined everyone else in the interpretation of the discovered bones – and in the flourishing trade in relics. Whole cartloads of skeletal remains were hauled across the Rhine to Deutz, where suitable name tags (Latin: tituli) were affixed to them: Fantasy knew no bounds when it came to the eleven thousand virgins.

In the adoration of relics, then, Cologne was a prime hub even before the transfer of the bones of the Three Magi to the old cathedral there. And from 1164 on, the City also became a pilgrimage center of European rank, comparable only to Rome and Santiago de Compostela: "From that time on," one can read in a Liège chronicle, "Cologne began to grow in reputation and fame, so that, lured by the sweet scent of the Three Magi, the faithful came in an unending stream from the islands of the sea and from the most diverse countries – Irish, Bretons, English and Spaniards, from Italy, Sicily and Gaul, here to fulfill the vows they had made."

Who, then, was the man to be credited for the rise of Cologne as the "pilgrimage center of the West" (as Martin Stankowski expressed it so aptly)? During his eight years in office, Reinald von Dassel, archbishop from 1159 to 1167, spent less than a year in Cologne and only a few summer months in his diocese, in 1166. He was not consecrated as priest and bishop until 1165. Pope Hadrian had already condemned Reinald's election as Metropolitan of Cologne. His successor, Alexander III, called him the "instigator and leader of seditiousness in the Church". Reinald was above all the Chancellor of the Empire, which had been referred to as the Holy Empire (sacrum imperium) since his time, and he was the most important advi-

sor to Emperor Frederick I, respectfully dubbed Barbarossa (Redbeard) in Italy. "No one" so praises the king's chronicle in Cologne, "served the emperor more loyally and faithfully then the Archbishop of Cologne", especially in disputes between the Papacy and the cities of Lombardy. After the victory over a rebellious Milan, Reinald asked for the relics of the martyrs Nabor and Felix – and a coffin containing three corpses that had been discovered just a few years earlier outside the city gates, in the Church of St. Eustorgius. The coffin's contents had been interpreted as being the bones of these Magi from the East, who were the first to worship the newborn savior.

How the controversial churchman came into possession of the relics of the Magi, how he transported them across the Alps, became the stuff of innumerable legends. One of the most charming of these, recorded by John von Hildesheim in the fourteenth century, recounted the biblical story of the Three Magi (by then promoted to the Three Kings), then told of their baptism by St. Thomas, and went on to relate how their mortal remains later traveled from Constantinople – where Helen, the mother of Constantine the Great, had arranged to have them brought – to Milan at the intercession of Bishop Eustorgius.

Apparently it didn't occur to the people of Cologne – to whom Reinald had asserted that the Holy Church and the city would be most fortunately enriched and beautified – to question whether it was justifiable to plunder sacred relics and religious treasure from a sacked city: On July 23, 1164, they received the bishop and his booty with ringing bells and great jubilation. They called him "gallant and splendid, because he had brought the relics to Cologne for the eternal glory of Germany". The magnificent shrine, which was created after 1180 under the direction of Nicholas of Verdun to hold the bones of the Saints, was emplaced at the center of the Carolingian cathedral. Above it hung an enormous chandelier holding 96 candles. John von Hildesheim recorded one of the reasons for building the gothic cathedral: "And when the old cathedral, which dated from the time of Hildebold, began to show signs of decay because of its age, Archbishop Conrad von Hochstaden started the construction of the new cathedral, wherein the three Magi shall now rest peacefully until the Day of Judgment."

Der Dreikönigenschrein: Das Meisterwerk der Goldschmiedekunst sollte Kölns Stellung weiter erhöhen – neben Rom und Santiago de Compostela wurde die Stadt zur bedeutendsten Wallfahrtstätte der westlichen Christenheit.

The Shrine of the Three Magi: this masterpiece of goldsmithery was intended to raise Cologne's standing even further - together with Rome and Santiago de Compostela, Cologne became one of the most important pilgrimage cities of western Christianity.

La châsse des trois Rois Mages. Réalisée dans l'atelier de Nicolas de Verdun, ce chef-d'oeuvre d'orfèvrerie allait faire de la ville de Cologne un lieu de pèlerinage aussi important que Rome et St-Jacques de Compostelle au sein de la Chrétienté occidentale.

La multiplication des reliques : une vieille légende rapporte que quelques « saintes Vierges », parmi lesquelles une princesse anglaise Ursule, auraient été martyrisées à Cologne, à l'époque du règne d'Attila, roi des Huns (vers le milieu du 5e siècle). On racontait au 10e siècle que dix jeunes femmes auraient accompagné les saintes martyrisées dans la mort. En 1106, des fouilles entreprises lors de travaux de fortification permirent de découvrir un cimetière romain. On interpréta aussitôt cette découverte comme étant le lieu où reposaient les jeunes saintes. Les nombreux ossements trouvés furent alors attribués aux victimes des martyres, augmentant ainsi considérablement le nombre initial qu'évoquait la légende. On en conclut que pas moins de 11 000 jeunes filles auraient été massacrées par les Huns sanguinaires. Le fait qu'on ait également trouvé des ossements d'hommes et d'enfants sur le « ager Ursulanus » n'ébranla que temporairement cette nouvelle interprétation. A la demande de l'abbé Gerlach de Deutz, la célèbre voyante Elisabeth de Schoenau expliqua que de nombreux évêques et clercs avaient accompagné Sainte-Ursule à Cologne et avaient donc également subit le martyre. Les moines bénédictins de Deutz s'intéressèrent à l'interprétation de ces ossements mais aussi au commerce florissant des reliques. Des charrettes remplies d'ossements furent ainsi transportés de l'autre côté du Rhin, à Deutz, où on leur colla de petites étiquettes (« tituli ») pour les identifier – devant ces 11000 vierges, l'imagination n'avait plus de limites ...

C'est dire que Cologne était déjà un haut-lieu de vénération des reliques avant qu'y soient transférées celles des trois Rois Mages, qui allaient être exposées dans la cathédrale. La ville était un lieu célèbre de pèlerinage en Europe depuis 1164, comparable en cela à Rome et à Saint-Jacques-de-Compostelle. Une chronique de Liège rapporte qu'à partir de ce moment, « la réputation de Cologne devint de plus en plus importante. Attirés par les douces effluves des Rois Mages, des pèlerins venus de différents pays et des îles, Irlandais, Bretons, Anglais, de même qu'Italiens, Siciliens et Gaulois, venaient sans cesse pour honorer leurs voeux ».

Quel était l'homme responsable de cette transformation de Cologne en un « centre de pèlerinage de l'Occident », comme Martin Stankowski le formula un jour ? Nul autre que Rainald de Dassel, archevêque de Cologne de 1159 à 1167, années pendant lesquelles il séjourna toutefois moins d'un an dans son diocèse – entre autres quelques mois au cours de l'été 1166. Il ne fut ordonné prêtre et

évêque qu'en 1165. Le pape Hadrien avait déjà condamné l'élection de Rainald comme métropolite de Cologne, tandis que son successeur, Alexandre III, voyait en lui « l'instigateur et le meneur de l'agitation au sein de l'Église ». Rainald était surtout archichancelier de l'empire, qui était devenu « sacrum imperium » (Saint Empire) au moment de son entrée en fonction. Il était le conseiller le plus important de l'empereur Frédéric Ier et était vénéré en Italie, où on l'appelait aussi « Barbe Rouge » (« Barbarossa »). Un chroniqueur admiratif rapporte que « personne ne servit l'empereur plus fidèlement et avec plus de dévouement que l'archevêque de Cologne », surtout lors des querelles avec la papauté et les cités lombardes. Après la défaite de la rébellion milanaise, Rainald obtint de l'empereur, en signe de reconnaissance, les reliques des martyrs Nabor et Félix ainsi qu'un tombeau contenant les restes de trois corps, qui avaient été découverts quelques années auparavant dans l'église de Saint-Eustorgius, aux portes de la ville.

Links oben: Die Krümme eines neugotischen Bischofsstabes, 1893 für Weihbischof Hermann Josef Schmitz angefertigt.
Darunter: Marienkrönung (um 1320) am Hochaltar, Carrara-Marmor.
Oben: Detail der Großen Monstranz, im 14. Jahrhundert aus vergoldetem Silber gefertigt.

*Top left: the crook of a Neo-Gothic bishop's staff, fabricated in 1893 for suffragan bishop Herman Joseph Schmitz.
Bottom: "crowning of the Virgin Mary" (approx. 1320) at the high altar - Carrara marble.
Top right: detail of the large monstrance, made of gold-plated silver in the 14th century.*

*En haut à gauche, crosse d'évêque néogothique, réalisée en 1893 pour l'évêque suffragant Hermann Josef Schmitz.
Couronnement de Marie sur le maître-autel en marbre de Carrare (vers 1320).
En haut, détail d'un grand ostensoir en argent doré réalisé au 14e siècle.*

Aus dem 15. Jahrhundert stammt das Reliquiar, das die im 19. Jahrhundert geschaffene Figur des „jugendlichen Diakons" in der Hand hält. Die anhängende Siegelkapsel hat man im 19. Jahrhundert hinzugefügt.

The figure of the "young deacon" - created in the 19th century, holding in its hands a relict from the 15th century. The skippet hanging beneath the relict was added in the 19th century.

Reliquaire du 15e siècle tenu par le personnage dit du « jeune diacre », qui date du 19e siècle. Le sceau a été ajouté au 19e siècle.

On disait de ce tombeau qu'il contenait les reliques de trois mages (lat. « magi ») venus d'Orient, qui aurait été les premiers à avoir adoré le Sauveur.

La manière dont cet homme d'église controversé en vint à posséder les reliques des Rois Mages et les fit transporter à travers les Alpes a donné lieu à beaucoup de légendes. L'une des plus belles, transcrite par Jean de Hildesheim au 14e siècle, raconte l'histoire biblique de ces mages devenus rois et baptisés par Saint-Thomas. Selon la légende, leurs dépouilles mortelles furent d'abord transportées à Constantinople – grâce à Hélène, mère de Constantin – puis à Milan, à la requête de l'évêque Eustorgius.

La population de Cologne, à qui Rainald avait annoncé que « le nouveau trésor apporterait félicité à l'église sainte et à la cité » ne se demanda point s'il était légitime de voler les objets sacrés et les trésors de l'église d'une ville détruite, au contraire. Elle accueillit l'évêque et son butin dans une grande euphorie, le 23 juillet 1164, au son des carillons. Rainald apparut « glorieux et radieux, ramenant les reliques à Cologne, pour la gloire éternelle de l'Allemagne ». La châsse somptueuse, créée spécialement pour les reliques des Rois Mages dans l'atelier de Nicolas de Verdun (après 1180), fut placée au milieu de la cathédrale carolingienne et éclairée d'un imposant candélabre de 96 chandelles.

Jean de Hildesheim évoque une des raisons qui motiva la construction de la cathédrale gothique : « alors que l'ancienne cathédrale construite au temps d'Hildebold commençait à être abîmée, en raison de son âge, l'archevêque Conrad de Hochstaden ordonna la construction de la nouvelle cathédrale dans laquelle les trois Rois Mages reposeraient jusqu'au Jugement dernier ».

„Zum alde Dum“

Spekulationen um die erste Bischofskirche: Die Domgrabungen

Speculations about the original episcopal church: The excavations

Spéculations autour de la première église épiscopale : les fouilles de la cathédrale.

Vorige Seite: Blick in den Untergrund des Alten Domes mit Bebauungsresten aus römischer und frühmittelalterlicher Zeit.
Oben: das Baptisterium
Darunter: Türgewände aus dem 16. Jahrhundert im Westteil der Grabungsfläche.

Previous page: remains of the old cathedral, showing structural remains from Roman and early medieval times;
Top: the baptistery
Beneath that: doorcases from the 16th century in the western section of the excavation site.
Large photo: graves dating back to the high middle ages in the atrium of the cathedral cloister (looking southwest);
Top right: Wooden model of a device already used in ancient times: the "Wolf", with which heavy stone could be transported using rope and tackle.

Page précédente : vue sur les fondations de l'ancienne cathédrale et des restes des constructions datant de l'époque romaine et du Bas Moyen Âge.
En haut : le baptistère.
En bas : jambages de porte du 16e siècle situés dans la partie occidentale des chantiers de fouille.
Grande image : tombeaux du Haut Moyen Âge situés dans l'atrium du cloître de la cathédrale (vue vers le sud-ouest).
En haut à droite : modèle en bois d'un appareil déjà en usage dans l'Antiquité, le « diable », qui permet de transporter de lourdes pierres grâce à un système de palan.

Großes Bild: Hochmittelalterliche Gräber im Atrium des Domklosters (Blick nach Südwesten)
Oben: Holzmodell eines bereits in der Antike verwendeten Gerätes, des „Wolfs“, das den Transport schweren Gesteins per Seilzug ermöglichte.

Wo stand die älteste Kölner Bischofskirche? Seit der ersten Hälfte des 4. Jahrhunderts war Köln nachweislich Bischofssitz: In den Jahren 313/314 wird der Bischof Maternus aus „der Stadt der Agrippinenser“ als Teilnehmer zweier – historisch belegter – Synoden in Rom und Arles erwähnt. Die früheste Nachricht über einen Versammlungsraum der Christen stammt aus den Jahre 355, als die „Colonia Claudia Ara Agrippinensium“ noch Hauptstadt der römischen Provinz „Germania Secunda“ war.

„Die Gallischen Provinzen waren lange Zeit vernachlässigt worden und hatten sehr unter furchtbaren Bluttaten, Plünderungen und Brandschatzungen zu leiden; die Barbaren streiften frei herum, niemand half dem Land. Silvanus, Marschall des Fußvolks, ein Mann, der imstande war, hier Abhilfe zu schaffen, rückte auf Befehl des Kaisers aus.“ Der aus Griechenland stammende Historiker Ammianus Marcellinus hat die Vorgänge des Jahres 355 aus eigener Anschauung beschrieben – er gehörte zu einer Gruppe römischer Soldaten, die den Befehl erhalten hatte, Silvanus, einen Franken, der mittlerweile des Hochverrats bezichtigt worden war und sich zum Kaiser hatte ausrufen lassen, zu ermorden. „Als wir in der Kolonie ankamen, fanden wir eine für unser Vorhaben sehr ungünstige Lage vor. Man hatte starke Truppenverbände zusammengezogen, besorgnis-

Erzbischofsgrüfte in der modernen Krypta der Kathedrale. Darunter befinden sich die Ausgrabungsflächen im Bereich der frühmittelalterlichen Kirche.
Rechts oben: der Westchor des Alten Domes.

Cardinals tombs in the modern crypt of the cathedral; below that, excavations in the area of the early medieval church.
Top right: the western choir of the old cathedral.

erregend war das ständige Murren der Legionäre, die über ihre Armut schimpften und darauf brannten, mit Silvanus über die Alpen zu marschieren." Die von Kaiser Constantius II. geschickten Soldaten konnten ihren Befehl dennoch ausführen. „Sie machen die Posten nieder, dringen in den Palast ein, ziehen Silvanus aus einer Nische hervor, in die er sich außer Atem geflüchtet hatte, und machen ihn mit vielen Schwerthieben nieder, während er noch versucht, sich in einen Versammlungsraum des christlichen Ritus zu retten."

„Conventiculum Ritus Christiani" – war das schon die erste Kölner Bischofskirche? Im Mittelalter glaubte man in Köln, daß die Cäcilienkirche bis zum Bau des karolingischen Domes die Prinzipalkirche der Stadt gewesen sei. Einige Historiker vermuteten zudem in St. Peter die früheste Bischofskirche – und rätselhaft bleibt bis heute der Beiname der ehemaligen Kapelle St. Victor (außerhalb der römischen Stadtmauer in der Marzellenstraße gelegen): Sie hieß im Volksmund „zum alde Dum" – ein Hinweis auf die erste Kathedrale, die Maternus angeblich errichten ließ?

Erst die Ausgrabungen, die seit 1946 unter dem Dom vorgenommen worden sind und 1959 zum Fund der fränkischen Fürstengräber führten, ließen eine neue These zu: „Daß die fürstliche Grabanlage mit irgendeinem Kirchengebäude verbunden war, ist kaum zu bezweifeln. Die Vermutung drängt sich auf, daß es die vornehmste Kirche des römisch-fränkischen Köln war, also die Bischofskirche. Diese hätte sich demnach an derselben Stelle befunden, wo auch heute sich der Kölner Dom erhebt." So bewertete der Kirchenhistoriker Wilhelm Neuss schon 1962 die Befunde des damaligen Grabungsleiters Otto Doppelfeld und des früheren Dombaumeisters Willy Weyres. Schon der „älteste" Dom stand also an der Stelle der heutigen Kathedrale.

Caveaux des cardinaux dans la crypte moderne de la cathédrale. En dessous, chantiers de fouilles sur le terrain de l'église datant du Bas Moyen Âge. En haut à droite, choeur occidental de l'ancienne cathédrale.

Where was the oldest episcopal church of Cologne located? Since the first half of the fourth century, Cologne is documented to have been an episcopal see: In the years 313 and 314, Bishop Maternus of the "City of the Agrippinensiens" is mentioned as a participant in two (historically documented) synods, in Rome and Arles. The earliest record mentioning a "meeting place" of the Christians dates from the year 355, when the city Colonia Claudia Ara Agrippinensium was still the capital of the Roman Province "Germania Secunda".

"The Gallic provinces had long been neglected and suffered from terrible acts of murder, looting and arson. The barbarians roamed about freely, nobody was helping the country. At the emperors orders, Sylvanus, marshal of the foot soldiers and a man who could set things straight, moved out with his troops." The historian Ammianus Marcellinus, born in Greece, has described the events of the year 355 from his personal experience: He belonged to a group of Roman soldiers who had received orders to execute Sylvanus, a Frank who had in the meantime been accused of high treason and declared himself emperor. "When we arrived in the colony, we encountered a situation highly adverse to our undertaking. Large formations of troops had been assembled; worrisome was the constant grumbling of the legionnaires, who complained about their poverty and were eager to cross the Alps with Sylvanus." Nevertheless the soldiers sent by Emperor Constantius II were able to complete their mission. "They kill the guards, force their way into the palace, drag Sylvanus from a niche were he is hiding breathlessly, and cut him down with many blows from their swords while he is trying to flee to a meeting place of the Christian rite."

This "conventiculum ritus Christiani" – was this already the first Roman episcopal church in Cologne? During the middle ages, the belief prevailed in Cologne that St. Cecilia's Church had been the principal church of the city until the construction of the Carolingian cathedral. Some historians have postulated that the earliest episcopal church in Cologne was St. Peter's. And to deepen the riddle, the popular name of the former St. Victor's Chapel (located beyond the city walls in the Marzellenstraße) was "At the Old Cathedral" – was this a clue to the first cathedral, supposedly erected by Maternus?

It wasn't until new excavations were carried out beneath the cathedral, starting in 1946, that a new thesis could be proposed: In 1959, these digs led to the discovery of the tombs of the Frankish princes! "There can hardly be any doubt that the tombs of the princes were associated with some ecclesiastic building. The hypothesis becomes compelling that this would have been the most distinguished church of Cologne during the Roman-Frankish period – the episcopal church. It follows that it would have been located right where Cologne Cathedral rises today." These were the conclusions, as long ago as in 1962, by church historian William Neuss, based on the evidence unearthed by the former excavation superintendent Otto Doppelfeld and the former Master Cathedral Builder Willy Weyres. Later digs have confirmed it: Even the "oldest" cathedral was located on the present cathedral site.

Links: Grabstein aus dem 15./16. Jahrhundert.
Oben: Teil einer Grabumrahmung aus dem Jahre 1277.

Left: tombstone from the 15/16th century.
Top: part of a grave site from the year 1277.

A gauche, pierre tombale du 15e/16e siècle.
En haut, partie d'un tombeau datant de l'an 1277.

Où se trouvait la première église épiscopale ? Il ne fait aucun doute que Cologne ait été un siège épiscopal dès la première moitié du 4e siècle. En 313/314, un évêque Maternus de la « ville des Agrippins » est mentionné dans des documents historiques comme participant aux synodes de Rome et d'Arles. La plus ancienne information dont nous disposons sur un « lieu de rassemblement » des Chrétiens date de 355, époque où la « Colonia Claudia Ara Agripppinensium » était encore capitale de la province romaine « Germania Secunda ».

« Les provinces gauloises avaient été longtemps négligées et avaient terriblement soufferts de crimes de toutes sortes, de pillages et d'incendies. Les Barbares y passaient quand bon leur semblait et personne ne venait en aide aux habitants. Silvanus, un maréchal d'infanterie, eût pu prêter main forte, mais dû se retirer sur ordre de l'empereur. » L'historien d'origine grecque Ammianus Marcellinus décrit à sa manière les événements de l'An 355 – il faisait partie du groupe de soldats romains qui reçut l'ordre d'assassiner Silvanus, un Franc, accusé entre-temps de haute trahison et qui se serait lui-même proclamé empereur: « Lorsque nous arrivâmes à la colonie, nous trouvâmes une situation fort difficile. Des troupes s'étaient regroupées et les légionnaires murmuraient de manière particulièrement inquiétante, se plaignant constamment de leur pauvreté et brûlant de franchir les Alpes avec Silvanus. » Les soldats envoyés par l'empereur Constantius II accomplirent alors leur mission : « Ils massacrèrent les sentinelles et pénétrèrent dans le palais. Ils trouvèrent Silvanus dans la cachette où il s'était sauvé en toute hâte, et le tuèrent de plusieurs coups d'épée alors qu'il tentait encore de s'enfuir vers un lieu de rassemblement du culte chrétien ».

« Conventiculum ritus Christiani » – était-ce là la première église épiscopale de Cologne ? Au Moyen-Âge, les habitants croyaient que l'église Ste-Cécile avait été la principale église de la ville jusqu'à la construction de la cathédrale carolingienne. Certains historiens ont également supposé que l'église St-Pierre avait été la première église épiscopale. En outre, on ne sait toujours pas d'où vient le surnom de la chapelle St-Victor (située en dehors des fortifications romaines, dans la rue Marzellen). En effet, on disait dans la langue populaire qu'on allait "à l'ancienne cathédrale" (« zum alde Dom »). Cela indiquerait-il qu'il s'agit de l'emplacement de la première cathédrale dont Maternus avait soi-disant commandé la construction ?

Les fouilles entreprises en 1946 sous la cathédrale, qui ont conduit à la découverte des tombeaux des princes francs en 1959, ont permis la formulation d'une nouvelle

Die Ausgrabungsfläche im westlichen Langhaus: Im Hintergrund sind die Turmfundamente der gotischen Kathedrale zu erkennen. Vorn links steht Manfred Nett, Vorarbeiter der Grabungsmannschaft und Betriebsratsvorsitzender der Dombauhütte.

Säule des Alten Domes aus der Zeit des Erzbischofs Bruno I. (953 – 965) und der Treppenaufgang vom Alten zum gotischen Dom (Blick nach Norden ins südliche Seitenschiff des Alten Domes).

Column of the old cathedral dating back to the time of Archbishop Bruno I (953 - 965) and the stairway from the old cathedral to the Gothic cathedral (view north into the southern aisle of the old cathedral).

Colonne de l'ancienne cathédrale datant de l'époque de l'archevêque Bruno 1er (953-965) et escalier qui mène de l'ancienne cathédrale à la cathédrale gothique (vue vers le nord et la partie méridionale de la nef latérale de l'ancienne cathédrale).

Excavation site in the western nave: the tower foundations of the Gothic cathedral can be seen in the background. Manfred Nett, foreman of the excavation team, can be seen in the left foreground.

Chantiers de fouille dans la nef occidentale. A l'arrière-plan, fondations de la tour de la cathédrale gothique ; au premier plan, Manfred Nett, contremaître de l'équipe de fouille et chef de l'atelier de rénovation de la cathédrale.

thèse : « Le fait que les tombeaux princiers étaient toujours situés dans une église ne fait aucun doute. On peut donc supposer qu'il s'agit ici de l'église de rang le plus élevé de l'ancienne ville franco-romaine de Cologne, à savoir l'église épiscopale. Et elle se serait donc trouvée au même endroit où se trouve aujourd'hui la cathédrale de Cologne ». Telle fut la conclusion que tira, en 1962, l'historien de l'église Wilhelm Neuss des découvertes d'Otto Doppelfeld, directeur des fouilles, et de Willy Weyres, ancien architecte de la cathédrale. Depuis, de nouvelles fouilles sont venues confirmer cette thèse : la première cathédrale était bel et bien située à l'endroit où se trouve l'actuelle cathédrale.

Unten links: Stoff, aus dem die Archäologen Geschichte schreiben – Tierknochen und Scherben.
Rechts oben: Detail der Trennwand des Chores von 1248 mit unleserlichen Handwerkerzeichen.
Darunter: Bleisärge aus der ehemaligen Gruft der wittelsbachischen Erzbischöfe in der Achskapelle.
Rechts unten: Stilleben aus jüngster Grabungsphase.

Bottom left: the stuff of which archeological history is made: animal bones and fragments.
Top right: detail of the partition wall separating the choir of 1248, showing illegible craftsman's symbols.
Right: lead coffins from the former crypt of the Wittelsbach archbishops in the axial chapel.
Bottom right: still life from the latest excavation phase.

En bas à gauche : Matériaux dont se servent les archéologues pour écrire l'histoire : ossements d'animaux et tessons.
En haute à droite : Détail de la paroi du choeur datant de 1248, comportant des inscriptions illisibles.
A droite : tombeaux en plomb issus de l'ancien caveau des archevêques de Wittelsbach dans la chapelle centrale.
En bas à droite : « nature morte » de la derniere phase de fouilles.

„Nichts ist majestätischer, harmonischer und reiner“

Die alten Domglocken

The ancient cathedral bells

Les anciennes cloches de la cathédrale.

POLIZEILICH VERBOTEN

Auf dem Südturm des Domes steht noch ein Kran, über dessen Bestimmung jedoch die Meinungen geteilt sind: Einige nehmen ihn als Zeichen, daß es den Erbauern wirklich Ernst gewesen sei, das Werk auszuführen.“ Sehr vorsichtig äußerte sich der Autor des ersten Kölner Stadtführers (der im Jahre 1828 erschien) über jenes merkwürdige Provisorium, das auf allen älteren Stadtansichten zu sehen ist und damals noch immer das eigentliche Wahrzeichen der Stadt war. Der angesprochene Südturm verkörpert indessen einen der letzten großen Bauabschnitte, zu denen man sich im späten Mittelalter noch aufraffen konnte: Zu Beginn des 15. Jahrhunderts war der Turm bis auf eine Höhe von etwa 56 Metern ausgebaut worden – nun endlich konnte der gotische Dom erstmals mit einem Geläut versehen werden.

„Anno Domini 1437 litten die Kölner unter einem langen kalten Winter, das Korn, die Weinstöcke und die Bäume erfroren, und das Vieh starb vor Kälte. Danach kam der Maifrost und richtete noch mehr Schäden in den Weingärten und an allen Feldfrüchten an.“ So beginnt die berühmte Koelhoffsche Chronik „van der hilliger stat van Coellen“ (erschienen im Jahre 1499) ihre Auflistung aller wichtigen Ereignisse des Jahres 1437, das dann auch – wegen der schlechten Ernteerträge – von Hungersnöten im Rheinland überschattet wurde. Die Chronik überliefert aber auch, daß die „Doymheren tzo Coellen“ eine Glocke, die zerbrach, neu gießen ließen. „In demselben Jahr,“ so heißt es dann weiter, „in dem Euwenmande (September), do deden die Doymheren yrre clocke hangen uyss dem hoiltzen clocktorne in des nuwen Doyms steynen torn.“

Erstmals erwähnt werden drei Domglocken im Jahre 857; nach dem Brand des alten Domes befanden sich die Glocken in einem hölzernen Behelfsturm, der an der Südseite der Kathedrale stand. Jene Glocke, die man 1437 in den Südturm überführte, war die Dreikönigenglocke, auch „Blutglocke“ genannt, die 1418 gegossen worden sein soll. Ihr folgte ein Jahr später die „Pretiosa“, gerühmt als „Königin des Domgeläuts“; ihr besonders tiefer Klang – sie wiegt mehr als 10.000 Kilogramm – war den Heiligen Drei Königen, der Gottesmutter Maria und dem hl. Petrus geweiht. Dreimal mußte diese Glocke neu gegossen werden, ehe sie 1448 durch die beiden bedeutenden Kölner Glockengießer Heinrich Brodermann und Christian Cloit ihre endgültige Form erhielt. Die damals zweitgrößte Glocke, die „Speciosa“, schuf 1449 der Brabanter Meister Johannes Hoerken de Vechel; mit ihrem Gewicht von etwa 5.600 Kilogramm war sie allein der Gottesmutter gewidmet. Um die „Pretiosa“ zu läuten, benötigte man damals übrigens 24 Männer, die der Domglöckner mit einer speziellen Glocke zusammenrief.

Gemeinsam bildeten diese Meisterwerke mittelalterlicher Glockengießerkunst ein Dreiergeläut, dessen Klangharmonie allenthalben höchstes Lob erhielt. Geradezu überschwenglich äußerte sich 1790 ein Klangexperte aus Frankfurt – über 350 Jahre nach dem Guß der Glocken (von denen „Pretiosa“ und „Speciosa“ noch heute in Betrieb sind): „Und auch unter diesen alten Glocken findet sich ein großer Unterschied, den ich auf meinen Reisen in Holland, Brabant, der Schweiz, Bayern, Österreich, Ungarn, im Elsaß und in mehreren deutschen Städten oft Gelegenheit hatte, in den berühmtesten Domkirchen und Tempeln zu prüfen, unter welchen allen ich am Ende den Vorzug den ganz vortrefflichen Glocken der Domkirche zu Köln zugestehen mußte. Ich empfehle dieses Geläute einem jeden, der begierig ist, etwas Außergewöhnliches zu hören, und bin gewiß, er wird gestehen müssen, daß ihm nichts majestätischer, harmonischer und reiner an Tonmasse vor die Ohren gekommen ist.“

Ein vollendeter Glockenklang, aber ein unvollendetes Bauwerk – so stellte sich der Dom über Jahrhunderte hinweg den Besuchern aus Nah und Fern dar...

Der Glockenstuhl im zweiten Obergeschoß des Südturmes: In der Mitte die mächtige St.-Peters-Glocke, die der Glockengießer Heinrich Ulrich am 5. Mai 1923 in Apolda gegossen hat. Sie wurde von Erzbischof Karl Joseph Schulte am 30. November 1924 geweiht.

The belfry in the second story of the south tower: the mighty bell of St. Peter can be seen in the middle, cast on May 5, 1923 in Apolda by bell-founder Heinrich Ulrich. The bell was consecrated on November 30, 1924 by Archbishop Carl Joseph Schulte.

Le beffroi au deuxième étage supérieur de la tour méridionale. Au centre, cloche de St-Pierre, fondue le 5 mai 1923 par Heinrich Ulrich à Apolda, et consacrée par l'archevêque Carl Joseph Schulte le 30 novembre 1924.

Das sogenannte Glöcknerhäuschen. Dort wird nur noch „Wache geschoben".

The so-called "bell-ringers' hut" – used only for "guard duty".

La « maisonnette du sonneur de carillon ». On n'y fait plus que des « tours de garde ».

"On the south tower of the cathedral, a crane is still mounted, but its purpose is in dispute: Some take it as a sign that the builders were really serious about completing the project." So cautiously did the author of the first city guide of Cologne (published in 1828) make mention of this odd contraption, which could be seen in all older pictures of the city, and which had become the actual landmark of the city during that period. The aforementioned south tower indeed represented the last major construction phase the builders were able to carry out in the late middle ages: the tower was expanded up to a height of 56 meters in the early 1500s, providing space for one of the most important attributes of any church – now, the Gothic cathedral could ring with the peal of bells for the first time ever.

"In the year of the Lord 1437, the inhabitants of Cologne suffered from a long, cold winter. Grain, vines and trees froze, and cattle died from the cold. Then came a May frost that caused further damage to the vineyards and all fruits of the field." With these words, the famous Koelhoff Chronicle "of the Holy City of Cologne" (published in 1499) began its account of all important events of the year 1437, a dismal year due to famines in the Rhineland resulting from bad crops. However, the chronicle also reported that the canons of Cologne had a broken bell recast. "In September of the same year," the account continued, "the canons transferred their bell from the wooden bell tower to the stone tower of the new cathedral". The first mention of three cathedral bells occurred in the year 857: After the old cathedral burned, the bells were installed in a provisional wooden tower located on the south side of the cathedral. The above-mentioned bell that was transferred to the south tower in 1437 was the Bell of the Three Magi, also known as the Blood Bell, which was supposedly cast in 1418. A year later, it was followed by the Pretiosa Bell, celebrated as the "Queen of cathedral bells". Its uniquely deep sound – with a weight of 10,500 kg (23,100 lb. avdp) – was dedicated to the Three Magi, Mary the Mother of God, and Saint Peter. The bell had to be recast three times before it was given its final form, in 1448, by the renowned bell-founders Henry Brodermann and Christian Cloit. The second-largest bell at this time, the Speciosa, was created in 1449 by the Brabantine master John Hoerken de Vechel. It weighed 5,600 kg (12,300 lb. avdp), and was dedicated to the Mother of God alone. In those days, incidentally, ringing the Pretiosa required 24 men, whom the sexton called together by ringing a special bell.

Together, these masterpieces of the bell-founder's art gave rise to a triple tone that was highly praised for its harmony. In 1790 – more than 350 years after the casting of the bells (the Pretiosa and Speciosa are still in use today) – a bell tone expert from Frankfurt fairly gushed: "And among these ancient bells too there are big differences, which I had occasion to examine in the most illustrious cathedrals and churches during my travels in Holland, Brabant, Switzerland, Bavaria, Austria, Hungary, Alsace, and in several German cities. Among these, I had to give my highest marks to the altogether superb bells of Cologne Cathedral. I commend this exquisite sound to anyone who is eager to listen to something extraordinary, and I am sure he must admit that his ears have never been exposed to tonal power more majestic, harmonic and pure."

Perfection in tonal harmony, but an incomplete structure – that's how, for several centuries, Cologne Cathedral presented itself to visitors from near and far.

« La tour méridionale de la cathédrale est encore flanquée d'une grue, au sujet de laquelle les avis sont partagés. Certains y voient un signe du sérieux des constructeurs quant à l'exécution des travaux... ». Rédigées pour le premier guide touristique de Cologne (paru en 1828), ces lignes fort prudentes désignent une situation qui se voulait transitoire et qui était presque devenu entre-temps son emblème – on peut encore en voir l'illustration sur toutes les images anciennes de la ville. La tour méridionale correspondait à la dernière grande tranche de travaux entrepris à la fin du Moyen-Âge. Au début du 15e siecle, la tour atteignait environ 56 m de haut et put enfin recevoir son carillon.

Der Klöppel der St.-Peters-Glocke, von den Kölnern „decke Pitter" genannt: Der Klöppel, 1953 von der Firma Theodor Wuppermann gefertigt, wiegt mehr als 700 Kilogramm.

The clapper of the bell of St. Peter, named "decke Pitter" (Big Pete) by the inhabitants of Cologne: the clapper was made by Messrs. Theodor Wuppermann in 1953 and weighs more than 700 kilograms.

Battant de la cloche de St-Pierre, que les habitants de Cologne nomment « decke Pitter » (le gros Pierre). Terminé en 1953, par la firme Theodor Wuppermann, il pèse plus de 700 kilos.

Bilder aus dem Glockenstuhl: Antriebsräder, Ausschlagsanzeiger und Klöppel der St. Peters-Glocke.

Pictures from within the belfry: cogs and pinions, deflection indicator and the clapper of the bell of St. Peter.

Images du beffroi : roues motrices, l'indicateur de déviation et battant de la cloche de St-Pierre.

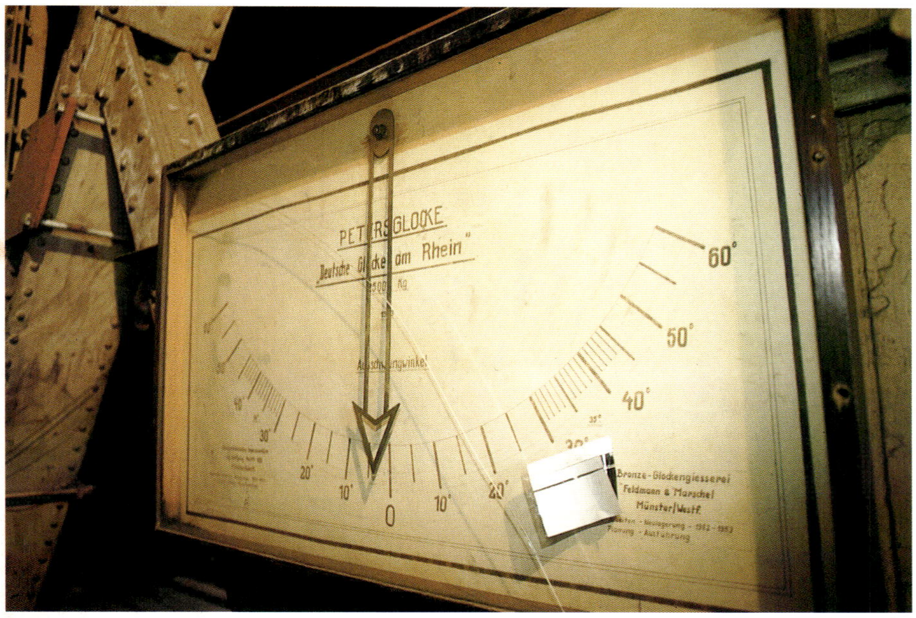

« En l'An de Grâce 1437, les citoyens de Cologne furent affligés d'un hiver long et froid. Les céréales, les vignobles et les arbres gelèrent, tandis que les troupeaux mouraient de froid. Puis vint le gel de mai, qui causa encore plus de dommages aux vignobles et aux cultures. » C'est ainsi que la célèbre chronique de Koelhoff intitulée « De la ville sainte de Cologne » (« van der hilliger Statt van Coellen ») et parue en 1499, rapporte les événements importants de l'An 1437, qui fut d'autant plus assombri par la terrible famine qui sévit ensuite dans toute la Rhénanie, en raison des mauvaises récoltes. La chronique rapporte également que le chapitre de la cathédrales fit fondre une nouvelle cloche avec le métal d'une autre cloche qui avait fendu. « Au mois de septembre de la même année », poursuit la chronique, « le chapitre fit transférer les cloches de la tour de bois dans la tour en pierre de la nouvelle cathédrale. »

La première mention des trois cloches de la cathédrale date de 857... Suite à l'incendie de l'ancienne cathédrale, les cloches avaient été placées dans une tour de fortune en bois, située sur le côté sud de la cathédrale. La cloche que l'on installa en 1437 dans la tour méridionale était la cloche des Trois Rois, dite aussi « cloche de sang », qui aurait été fondue en 1418. Elle fut suivie peu après de la cloche « Pretiosa », mieux connue sous le nom de « Reine du carillon ». Sa sonorité particulièrement profonde – elle pèse plus der 10 000 kilos – était dédiée aux trois Rois Mages, à la Vierge Marie et à St-Pierre. Elle dut être refondue trois fois, jusqu'à l'obtention de sa forme définitive, en 1448, grâce aux maîtres-fondeurs Henri Brodermann et Christian Cloit, les meilleurs de Cologne à l'époque. La seconde cloche en importance était « Speciosa ». Fondue par le maître brabant Jean Hoerken de Vechel, en 1449, elle pesait environ 5 600 kilos et était uniquement dédiée à la Vierge Marie. Il fallait vingt-quatre hommes pour faire sonner la « Pretiosa », que le sonneur de l'église appelait au moyen d'une cloche spéciale.

Ces chefs-d'oeuvre de l'art de la fonte médiéval formaient ensemble un carillon dont l'harmonie faisait l'objet d'éloges universels. En 1790, près de 350 ans après la fonte des cloches (dont seules « Pretiosa » et « Speziosa » étaient encore en fonction), un expert francfortois exprima son admiration de la façon suivante : « Parmi toutes ces cloches anciennes que j'ai eu l'occasion de voir et d'entendre au cours de mes voyages en Hollande, dans le Brabant, en Suisse, en Bavière, en Autriche, en Hongrie, en Alsace ainsi que dans de nombreuses villes allemandes, dans les temples et les cathédrales les plus célèbres, j'ai trouvé une grande différence entre ces cloches anciennes, parmi lesquelles j'accorderais sans aucun doute la faveur aux magnifiques cloches de la cathédrale de Cologne. Je recommande ces carillons à quiconque veut entendre quelque chose d'extraordinaire et suis assuré que l'on conviendra qu'il n'existe rien de plus majestueux, de plus harmonieux et de plus pur que des oreilles humaines aient pu entendre. »

Un carillon parfait pour une église inachevée... C'est ainsi que la cathédrale se présentera pendant des siècles aux visiteurs venus de partout l'admirer.

Oben: Christus als Weltenrichter – ein Detail vom Schulterrelief der St.-Peters-Glocke, das der Künstler Heinrich Renard schuf. Unten: Inschrift der 1990 gegossenen Josephsglocke.

Top: Christ as judge over the world - detail of relief on the shoulder of the bell of St. Peter, created by artist Heinrich Renard. Bottom: inscription on the bell of St. Joseph, cast in 1990.

En haut, le Christ comme Juge du Monde. Détail du relief sur le pan de la cloche de St-Pierre, créé par l'artiste Heinrich Renard. En bas, inscription sur la cloche de St-Joseph, fondue en 1990.

„Wie ein feuriger Drache“

Hildebold und seine Nachfolger: Gab es Geister im Dom?

Hildebold and his successors: Were there ghosts in the cathedral?

Hildebold et ses successeurs ; Y avait-il des esprits dans la cathédrale ?

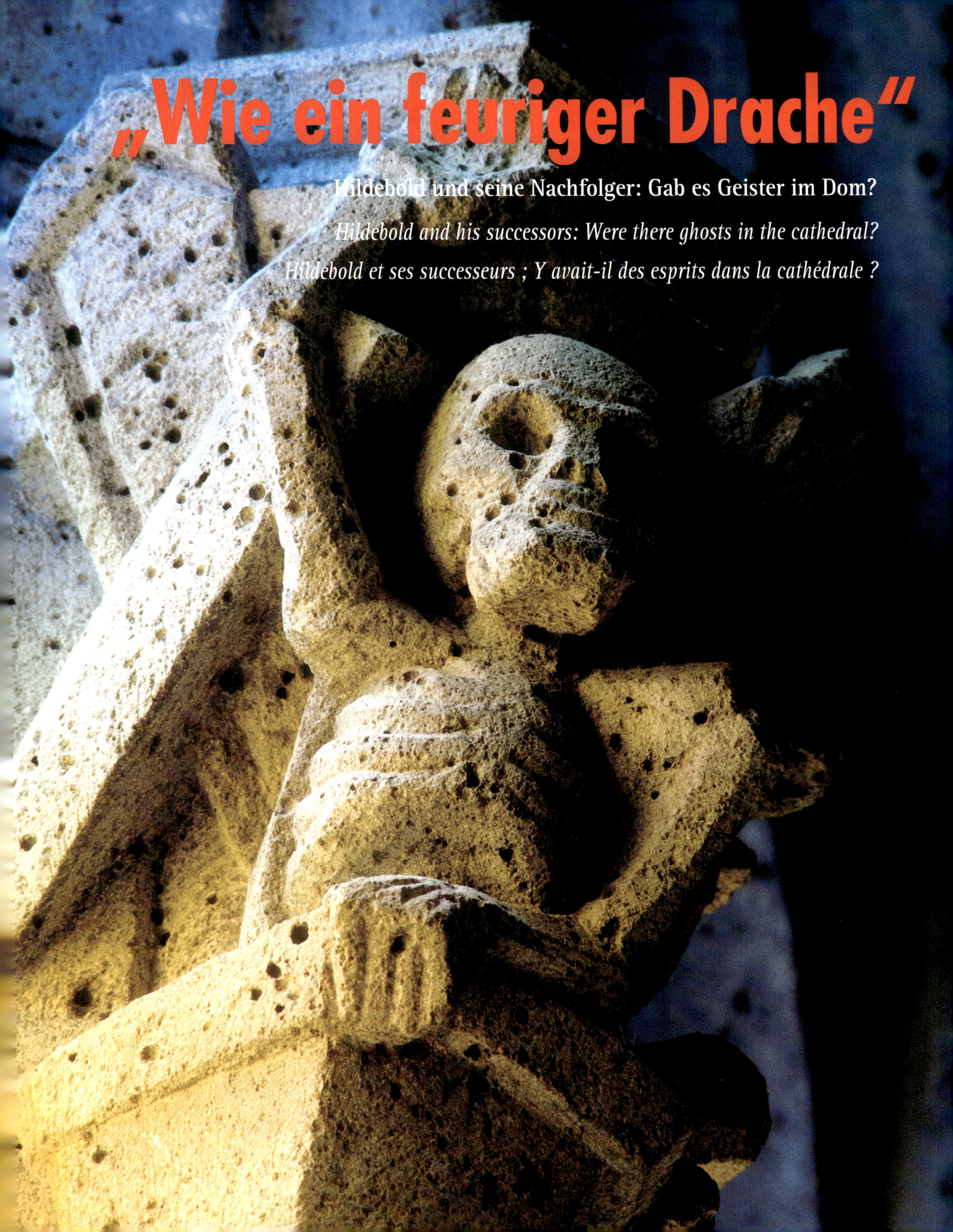

Eine phantastische Welt für sich: Die am gesamten Bauwerk angebrachten Wasserspeier künden von der großartigen plastischen Kunst der Gotik.

A fantastic world in its own right: the gargoyles adorning the entire edifice bear witness to the outstanding skill of Gothic sculptors.

Un monde fantastique en lui-même : perchées un peu partout, les gargouilles témoignent de l'art extraordinaire du gothique.

Für den Verfasser der ersten universalhistorisch orientierten Stadtchronik, Heinrich van Beeck, stand fest: „Hildeboldus war es, der Sant Peter, den Doem zu Coelne, yrst fundierte und machen ließe." Die Chronik „Agrippina", die van Beeck trotz schon etablierter Kölner Druckereien in mehreren Kopien als Handschrift herausgab, erschien 1472/75 – der erwähnte Hildebold, der erste Kölner Erzbischof, amtierte indessen fast 700 Jahre zuvor: Wahrscheinlich im Jahre 787 wurde Hildebold zum Kölner Bischof gewählt, nach einer berühmten Legende auf Empfehlung des großen Frankenkönigs Karl, der Hildebold als einfachen Priester vor den Toren Kölns – am Krieler Dom? – angetroffen hatte und sich von dessen Bescheidenheit und Frömmigkeit beeindruckt zeigte. Der Hildebold zugeschriebene „Alte" oder, wie er auch genannt wird, karolingische Dom, eine gewaltige Kathedrale mit einer Gesamtlänge von 95 Metern, die den merowingischen Vorgängerbau ersetzte, ist im Jahre 870 vom damaligen Amtsinhaber Willibert geweiht worden – das zumindest steht fest.

Vor der Weihe des imposanten Bauwerks gab es indessen einen schrecklichen Vorfall, der das kölsche Gemüt noch lange beschäftigen sollte. In einem Brief an den Bischof Altfridus von Hildesheim, der das Schreiben auf der Synode von Mainz vorlas, berichtet Williberts Vorgänger, der später abgesetzte Erzbischof Gunthar, über ein schweres Unwetter, das Köln im September 857 heimgesucht hat: „Bei einem furchtbaren Sturm, als sich das Volk in den Dom rettete, hat ein Blitz wie ein feuriger Drache plötzlich die Kirche durchschlagen und aus der ganzen Menge drei Menschen an verschiedenen

Stellen, aber mit einem Schlage getötet, einen Priester am Petrusaltar, einen Diakon am Altar des hl. Dionysios, einen Laien beim Marienaltar und sechs weitere hingestreckt." Böse Geister, so heißt es später, trieben ihr Unwesen im noch nicht geweihten Dom.

War das eine Strafe Gottes? Gunthar, seit 850 im Amt, hatte im sogenannten „Lotharischen Ehestreit" gegen die Haltung der römischen Kurie Partei bezogen; einer der fränkischen Könige, Lothar II., der den mittleren Reichsteil beherrschte (nach ihm „Lotharingia" genannt, eine Bezeichnung, die noch heute im Namen Lothringen erhalten ist), konnte Gunthar dazu bewegen, ihm zur Scheidung von seiner Gemahlin Theutberga zu verhelfen – die Ehe war kinderlos geblieben. Noch vor der Entscheidung des Papstes erlaubten die lothringischen Bischöfe, darunter Gunthar, dem König zudem die Hochzeit mit seiner früheren Konkubine Waldrada. Dieses eigenmächtige Vorgehen nahm Papst Nikolaus I. zum Anlaß, Gunthar und seinen Trierer Amtsbruder Thietgaud im Oktober 863 mit Amtsenthebung und Exkommunikation zu strafen. Erst sechs Jahre später – nach endlosen Auseinandersetzungen, die ein deutscher Shakespeare zu einem dramatischen Schauspiel von Liebe und Verrat, Verleumdungen und Intrigen verarbeitet hätte – nahm Gunthar seine Absetzung schließlich hin.

Zu Gunthars Nachfolger wurde ein Priester namens Willibert gewählt – und der konnte dann am 27. September 870 die Weihe des mittlerweile vollendeten karolingischen Doms vollziehen; fast 400 Jahre lang bestimmte das gewaltige Bauwerk, das noch im 13. Jahrhundert als „Mutter und Meisterin aller Kirchen in Deutschland " gepriesen wurde, das Kölner Stadtbild. Wer den Bau dieser Kirche in die Wege geleitet hat, läßt sich mit Gewißheit nicht sagen; einiges spricht für Hildebold, dem, als Freund Karls des Großen und bedeutendsten der fränkischen Bischöfe, sicherlich entsprechende Mittel zur Verfügung standen; der Bischof, in dessen Amtszeit die Kirchen von St. Ursula und St. Severin erweitert wurden, der die Domschule und die Dombibliothek gründete, erhielt seine Grabstätte nicht im Dom, sondern in St. Gereon, in der Kirche „seines" Heiligen – er hatte die Verehrung Gereons, des Führers der Thebäischen Märtyrerlegion, nach Kräften gefördert.

Sturmumtoste, bizarre Gebirgslandschaft: der Dom in einer Gewitternacht (Blick von Südosten).

A bizarre landscape amidst the forces of nature: the cathedral by night in the middle of a storm (seen from the southeast).

Tempêtes, paysages de montagne étranges... La cathédrale, une nuit d'orage (vue du sud-est).

Im 19. Jahrhundert hat man Hildebold in einem Fußbodenmosaik des Doms verewigt, das ihn als den Erbauer der karolingischen Kathedrale zeigt; durch neuere archäologische Erkenntnisse wird diese Annahme indessen widerlegt: Die Bauzeit dieser großartigen Kirche fiel hauptsächlich in Gunthars Amtszeit – doch der unglückliche Bischof wurde später als Gebannter nicht mehr für würdig befunden, Bauherr zu sein. So kam man wahrscheinlich auf Hildebold, der einem heiligen Kaiser nahegestanden hatte. Nach dem Baubeginn des gotischen Doms hatten im übrigen die Baumeister mit künstlerischen Mitteln versucht, das Bauwerk, nicht zuletzt durch die Gestaltung der Wasserspeier, vor bösen Geistern zu schützen – die, die Gunthar gerufen hatte, waren allerdings schon längst nicht mehr da, sie hatten einige Tage vor der Weihe des Jahres 870 voller Trauer die Kirche verlassen ...

In etwa 88 Meter Höhe stehen an beiden Türmen insgesamt 32 Engel, jeder 2,80 Meter groß, mit den Leidenswerkzeugen Christi.
Rechts: Kapitell am Westfenster (1955).

At a height of about 88 meters, the two towers are adorned by a total of 32 angels, each 2.8 meters high, bearing the implements of suffering of Jesus Christ. Right: capital at the western window (1955).

Quelque 32 anges de 2,80 m chacun se répartissent sur les deux tours, à 88 m de hauteur, accompagnés des instruments de la passion du Christ. A droite, chapiteau de la fenêtre occidentale (1955).

Kapitell aus dem Triforium des großen Westfensters: Szene aus dem Jüngsten Gericht (1955).

Capital from the triforium of the large western window: scenes of the Last Judgment (1955).

Chapiteau du triforium de la grande fenêtre occidentale : scènes du Jugement dernier (1955).

Henry van Beeck, the author of the chronicle "Agrippina", was sure of it "It was Hildeboldus who founded and undertook the construction of Cologne Cathedral". Despite the existence of several print shops in Cologne, Van Beeck published "Agrippina" – the first city chronicle with a world history perspective – as a handwritten manuscript (in several copies) in the years 1472 to 1475. Hildebold, the first Archbishop of Cologne, held office almost 700 years earlier: It was probably in 787 that Hildebold was elected to that high office. According to a well-known legend, this was at the recommendation of Charlemagne: The great King of the Franks had met Hildebold – then a simple priest – outside the city gates (perhaps at the cathedral of Kriel) and had been impressed by Hildebold's modesty and piety. What's certain is that

Blick auf das Triforium: Kapitelle mit Darstellungen von der Auferstehung der Toten am Jüngsten Tag.

View of the triforium: capitals portraying the resurrection of the dead or Judgment Day.

Vue sur le triforium : chapiteaux ornés de représentations de la résurrection des Morts au Jugement dernier.

the "old" cathedral ascribed to Hildebold – also known as the Carolingian cathedral – was a mighty cathedral with an overall length of 95 meters (312 ft.) that replaced the prior Merovingian church and was consecrated in 870 by Willibert, who then held the office.

Prior to the consecration of the imposing structure, a horrific event occurred that would preoccupy the soul of the community for years to come. This was reported in a letter from Archbishop Gunthar (subsequently deposed and replaced by Willibert) to Bishop Altfridus of Hildesheim, who even read the report before the Synod of Mainz. Gunthar tells of a severe thunderstorm that struck Cologne in September, 857: "In a horrific storm, as the people were seeking refuge in the cathedral, a bolt of lightning suddenly pierced the cathedral like a fiery dragon and killed three people among the crowd with a single blow, but in different places: a priest at St. Peter's Altar, a deacon at the Altar of St. Dionysios, a lay person at St. Mary's Altar, and it also struck six others unconscious." This was later attributed to evil spirits causing mischief in the not yet consecrated cathedral.

Was this a punishment from God? In office since 850, Gunthar had taken a position in the so-called Lotharian marriage dispute that was opposed to the wishes of the Curia Romana. Lothar II was the Frankish king who ruled the central part of the empire, named Lotharingia in his honor – a designation preserved in the present name of Lothringen (Lorraine). Lothar had managed to persuade Gunthar to help him divorce his wife Theutberga after a childless marriage. The bishops of Lorraine, including Gunthar, gave the king permission to marry his concubine Waldrada – before the pope had reached a decision! This high-handed action caused Pope Nicholas I to punish Gunthar and Thietgaud – Lothar's colleague in office from

Links: Triforium des südlichen Querhauses mit Glasmalereien von Willy Weyres, 1956 ausgeführt.
Rechts: Blick in das Strebewerk des südlichen Langhauses, 1863 vollendet.

Left: triforium of the southern transept with stained glass windows fashioned by Willy Weyres in 1956. Right: view of the buttresses of the southern nave, completed in 1863.

*A gauche, triforium du transept méridional et vitraux peints de Willy Weyres, installés en 1956.
A droite, vue sur les contreforts de la nef méridionale, terminé en 1863.*

Trier – with removal from office and excommunication. Six turbulent years would pass before Gunthar finally accepted his dismissal – years filled with endless acrimonious disputes, which a German Shakespeare would have worked into the plot of a play about love and treason, slander and intrigue.

Gunthar's elected successor was a priest named Willibert, who consecrated the Carolingian cathedral – it had been completed by then – on September 27, 870. The mighty edifice dominated the skyline of Cologne for the next 400 years. And it was praised as the "mother and mistress of all churches in Germany" as late as the thirteenth century. It can't be stated with certainty who had initiated the construction of that older church. Some of the known facts indeed favor Hildebold, who, as a close friend of Charlemagne and the most important of the Frankish bishops, would certainly have had access to the required resources. During the bishop's time in office, the churches of St. Ursula and St. Severin were enlarged. He founded the cathedral school and library, and was buried not in the cathedral but in St. Gereon, the church of "his" saint: He had done his utmost to patronize the veneration of St. Gereon, leader of the Thebaic legion of martyrs.

In the nineteenth century, Hildebold was memorialized in a floor mosaic in the Gothic cathedral that shows him as the builder of the Carolingian cathedral. However, more recent archeological findings have since cast doubt on this assumption: the majority of the construction work on the tremendous church was performed during Gunthar's term in office, but the unfortunate Archbishop – being dismissed from office and excommunicated – was no longer considered worthy of such an honor in later years. Which is probably why Hildebold – with close ties to a holy emperor – was credited with initiating construction. No matter who was responsible, once construction of the Gothic cathedral was under way, the builder resorted to artistic means, such as installation of gargoyles, to protect the edifice from evil spirits.

However, those spirits invoked by Gunthar were long since gone, most likely having sadly fled the church mere days before its consecration in 870.

Pour l'auteur de la première chronique universelle de la ville, Henri de Beeck, il ne faisait aucun doute que « Hildebold fut celui qui fonda la cathédrale St-Pierre de Cologne et en commanda la construction ». La « Chronique Agrippina » que de Beeck publia sous forme de copies manuscrites – bien qu'il existât déjà des imprimeries établies à Cologne – parut de 1472 à 1475. Hildebold, premier archevêque de Cologne, officiait en fait presque 700 ans auparavant. Il est probable, comme le raconte une légende célèbre, qu'Hildebold ait été élu évêquede Cologne en 787, sur la recommandation du roi des Francs, Charlemagne, qu'Hildebold aurait rencontré aux portes de la cité alors qu'il était encore simple prêtre – à la cathédrale de Kriel ? – et que le roi aurait été impressionné par son humilité et sa piété. L'« ancienne » cathédrale qui est attribuée à Hildebold, que l'on appelle aussi la cathédrale carolingienne, était une grande cathédrale d'une longueur totale de 95 m et avait remplacé l'église mérovingienne. Une chose est certaine, la cathédrale a été consacrée en l'An 870 par l'évêque de l'époque, Willibert.

Un terrible incident précéda la consécration de cette imposante construction, qui allait marquer pendant longtemps l'esprit des habitants de Cologne. Dans une lettre à

Detail am Westportal: Löwenkopf-Türklopfer, entworfen von Prof. Hugo Schneider (Kassel), der den 1886 ausgeschriebenen Wettbewerb zur Gestaltung der Bronzetüren gewann.

Detail of the western portal: lion's head door knocker, designed by Prof. Hugo Schneider (Kassel), winner of a competition for designing the bronze doors held in 1886.

Détail du portail occidental : heurtoir en forme de tête de lion, dessiné par le Professeur Hugo Schneider (Cassel), gagnant du concours pour les portes de bronze en 1886.

Links: Bedrohlich und praktisch zugleich – Strebewerk am südlichen Querhaus mit nachträglich angebauten Wasserspeier (etwa 1925).
Oben: Nahaufnahme des Phantasietieres.

Left: both menacing and practical - buttress on the southern transept (the gargoyle was added later, some time around 1925).
Top: close up of the fantastic beast.

A gauche, à la fois pratique et menaçant : les contreforts du transept méridional orné de ses gargouilles, ajoutées plus tardivement (vers 1925). En haut, gros plan sur l'un de ces animaux fantastiques.

l'évêque Altfridus de Hildesheim, qui la lut à haute voix au Synode de Mayence, le prédécesseur de Willibert, l'archevêque Gunthar – qui allait être déposé plus tard – raconte l'histoire d'une tempête qui eut lieu en septembre 857 : « Lors d'une terrible tempête, alors que la population de Cologne cherchait refuge dans la cathédrale, un éclair tomba subitement sur la cathédrale, tel un dragon crachant le feu, et tua d'un seul coup trois personnes parmi la masse des gens présents, toutes situées à des endroits différents : un prêtre près de l'autel de St-Pierre, un diacre près de l'autel de St-Denis, et un laïque près de l'autel de Marie. Six autres personnes furent renversées. » Il fut question de mauvais esprits qui auraient profité du fait que la cathédrale était encore non consacrée pour l'infester.

Était-ce là une punition divine ? L'évêque Gunthar, qui officiait depuis 850, avait pris parti dans la « querelle conjugale de Lothaire » contre la cure romaine. Lothaire II, roi des Francs qui régnait sur cette partie de l'empire germanique qu'on allait appeler à sa suite la « Lotharingie » (la future Lorraine), avait réussi à convaincre Gunthar de l'aider à divorcer de son épouse Theutberga, du fait que leur mariage était resté sans descendance. Les évêques lotharingiens – parmi lesquels Gunthar – permirent l'union du roi avec Waldrada, sa

Mehr als 100 Türen führen im Dom auf verschiedenen Ebenen zu verborgenen Räumen. Dies ist eine davon. Sie führt von außen in das Triforium.

More than 100 doors on different levels throughout the cathedral lead to secret rooms: this is one of them. It leads into the Triforium.

Plus de 100 portes mènent à des endroits cachés à différents niveaux dans la cathédrale. Ci-dessus on en voit une qui mène au Triforium.

concubine précédente, avant que ne soit prononcée la décision papale. Ce geste d'autonomie donna l'occasion au pape Nicolas Ier d'excommunier Gunthar et son collègue trévère, Thietgaud, en octobre 863 et de les déchoir de leurs fonctions épiscopales. Ce n'est que six ans plus tard, après d'infinies querelles – qu'un Shakespeare allemand eût transformé en un chef-d'oeuvre sur l'amour et la trahison, les calomnies et les intrigues – que Gunthar accepta sa déposition.

Le prêtre Willibert fut nommé à la succession de Gunthar. Ce fut lui qui célébra le 27 septembre 870 la consécration de la cathédrale carolingienne, entre-temps achevée. L'ouvrage marqua le visage de Cologne pendant près de 400 ans, et était encore tenue au 13e siècle pour être « la mère et la maîtresse de toutes les églises d'Allemagne ». Le maître d'oeuvre de cette église n'a toujours pas été identifié avec certitude. Certains indices donnent à penser que ce fut Hildebold, qui, en tant qu'ami de l'empereur Charlemagne et des évêques francs les plus influents, disposait sûrement des moyens nécessaires à cet effet. Initiateur des travaux d'agrandissement des églises Ste-Ursule et St-Séverin et fondateur de l'école et de la bibliothèque épiscopales, l'évêque ne fut pas enterré à la cathédrale mais à St-Géréon, dans l'église de « son » Saint. Il avait beaucoup encouragé, en effet, le culte de Géréon, chef des martyrs thèbes.

Au 19e siècle, on immortalisa le personnage d'Hildebold dans une mosaïque du parterre de la cathédrale, qui le présente comme l'architecte de l'édifice carolingien. De nouvelles découvertes archéologiques contredisent toutefois cette hypothèse. La construction de cette magnifique église se fit principalement à l'époque où Gunthar officiait encore. Le malheureux évêque ayant été banni, on le déchut également de ses fonctions d'architecte. C'est probablement ainsi qu'on en vint à attribuer la construction à Hildebold, qui était plus prés de l'empereur. Après le début des travaux de la cathédrale gothique, les architectes tentèrent de protéger leur construction des mauvais esprits par divers artifices, notamment par des gargouilles. Les mauvais espris attirés par Gunthar étaient toutefois partis depuis longtemps. Ils avaient quitté l'église avec regrets quelques jours avant sa consécration en l'an 870.

„… eine unordentliche Messe“

Menschen im Dom

People in the cathedral

La foule qui fréquente la cathédrale.

Noch im 15. Jahrhundert standen zwischen gotischem Chor und dem – bis zu einer Höhe von 56 Metern aufgeführten – Südturm Reste des 870 geweihten Alten Domes. Dessen westliche Hälfte hatte man nach dem Brand des Jahres 1248 notdürftig wieder hergestellt, um die weitere Durchführung von Gottesdiensten zu gewährleisten; schon Mitte 1251 sollen dort wieder Messen stattgefunden haben. Seit etwa 1270 bildeten die so unterschiedlichen Teilbereiche, Chor und seine Seitenkapellen sowie die alte Bischofskirche, im Gottesdienst eine liturgische Einheit; je nach Baufortschritten beseitigte man allmählich die Relikte der karolingischen Basilika.

Doch ausgerechnet die Gottesdienste in der vornehmsten Kirche des Erzbistums wurden in einer Weise zelebriert, die immer wieder zu Kritik herausforderte. So beschwerte sich der Rat schon 1419 beim Erzbischof, „daß in keinem Stift die Messe unordentlicher geschieht als im Dom". Und nicht zu zählen sind die Versuche der Ratsherren, hier Abhilfe zu schaffen – man forderte die Bürger mehrfach sogar unter Strafandrohung auf, sich im Dom des Schwätzens und Spazierens zu enthalten.

Das innere wie äußere Erscheinungsbild, das die Kathedrale im 18. Jahrhundert bot, hat der Kölner Mundartautor Wilhelm Koch in drastischen Worten geschildert: „Troorig genog sohch et uhs. Vum Dom stund bloß et Chor un dreiveedels Thon me'm Krahne. Hühser, Kirchen un Hötten woren dran gebaut wohde; zweschen de Pilare stunden Gaddeme, wo Rusekränz, Hubäthesrähmcher, Dreikünnigebreefcher verkauf wohde – ahl Bragge, die zum Dom paßte, wie de Fuhß op en Aug. Un wie bedröhv sohch dä selvs uhs! De Stein wore alt un fuhl, un us alle Retze wore Strüch, Bloome, sugar Mespelbäum erusgewaße. De Maatwiever gingke met ehre Körv om Kopp durch der Dom – et feel inne gar nit en, dran zo denke, dat der Dom en Kirch wor! Der Domhoff wor met fohßhuh Gras, Katzekiescher un Unkruck bedeck, un mezzen derdurch leef en breid Sood, die nit grad no Odekulung däht ruche. Et gov nit Ärmsilligeres als dise Platz; no der Meddernaachssick de Domruin met der Margrootekirch, die et Chor ganz verdecken däht, un hinger der Kirch der Domkirchhof."

Koch hat mit dieser Erzählung „op kölsch" nachempfunden, was der Kölner Realschullehrer Ernst Weyden (1805-1869) in seinen Erinnerungen, in dem 1862 erschienenen Buch „Köln am Rhein vor fünfzig Jahren", äußerst anschaulich beschrieben hatte.

Auch als man 1842 begann, den Dom – nach fast dreihundertjährigem Baustillstand – zu vollenden, änderte sich am unfrommen Bild im Innern nichts. Aus eigener Anschauung berichtet Wilhelm Koch in seiner Erzählung „Et Johr Aachunveezig"über die sonntägliche Spätmesse: „Dann gingk der Schnieder Schmitz pooschstaaz noh'm Dom en de Elf-Ohre-Meß, wo de Lück vun alle Sigge drop zo kraute. Der ganzen Dom wor peckevoll Minsche, bovve vum Chor an, wo an der groh Moor zweschen dem Chor un dem Scheff zwei Altärsch stunte, bis unger an de letzte Pilare un der Bredderverschlag öm et Klockes. Mallich wor stiefstöhdig un hatt et Beß bovven an; de Jüffercher schwenkte stolz ehr Röckcher, un esugar de ahl Madämcher met Hyazinth-Läckelcher hatte sich opgekratz. ‚De Elf-Ohre-Meß em Dom es de reine Maat un e läbendige Mode-Journal,' sagen de Kölsche, un leider Goddes weht dorin mieh Staat gemaht un sich gezeig wie gebät. Se kumme knapp vör dem ehschte Evangillium, stelle sich öm de Pilaren eröm – dröm heischen se och de ‚Säulen-Hellige' – mustere, wat elans geiht, schnäuven ens he un do, bubbele, maachen 'nen halven Knix, wann et schellt, un vör dem letzten Evangillium läufen se widder erus, als hätten se glöhdige Schwamm em Nacken." Ein Schelm, wer bei dieser Schilderung an die Gegenwart denkt...

Menschen im Dom: An manchen Tagen wird die Kathedrale von fast 20 000 Besuchern durchschritten – dennoch bieten sich immer wieder Momente zu besinnlicher Betrachtung.

Almost 20,000 people wind their way through the cathedral on some days. Yet despite the vast number, there are still moments when awed silence descends upon the visitors.

Fréquentation de la cathédrale. Certains jours, la cathédrale est visitée par près de 20 000 personnes, ce qui n'empêche pas toutefois que l'on puisse toujours s'y recueillir.

As late as in the fifteenth century, remnants of Hildebold's cathedral (consecrated in 870) were still standing between the gothic choir and the south tower, which had been raised to a height of 56 meters (194 ft.) After the fire of 1248, the western portion of the older church had been restored in a makeshift way to allow religious services to continue. In the summer of 1251, Mass was already being celebrated there again. Since about 1270, the dissimilar segments – the choir, its adjacent chapels, and the old bishop's church – formed a liturgical unit during religious service. As construction progressed, the remnants of the Carolingian basilica were gradually removed.

Der Dom als Schauplatz körperlicher Ertüchtigung und stiller Besinnung

The cathedral as a venue for steeling body and silent contemplation.

La cathédrale comme lieu d'entraînement corporel et de recueillement silencieux.

But the religious services, of all things, were being celebrated in this most elegant church of the Archdiocese in a manner that provoked frequent criticism. In 1419, for example, the city council complained to the Archbishop "that in no other church Mass is being conducted in a more disorderly manner than in the cathedral." And there were innumerable attempts by the councillors to set things right. There were even repeated ordinances with threat of penalties, ordering citizens to refrain from talking and walking about in the cathedral.

The inner as well as outer appearance of the cathedral in the eighteenth century was described by Cologne resident William Koch, who minced no words: "It was a sad enough sight. All there was of the cathedral was the choir and three-quarters of a tower, topped by a crane. Houses, churches and huts had been attached to the edifice. Between the columns were the stands of vendors peddling rosaries and religious handbills – old shacks that suited the cathedral like chalk on cheese. And how miserable the old cathedral itself looked! The stones were discolored and covered with fungus. Bushes, flowers and even medlar trees were growing from every crevice. The market women walked right through the cathedral, carrying baskets on

Bilder von der Eröffnung der Sternsinger-Aktion des Jahres 1997: Am Schrein der Heiligen Drei Könige versammeln sich die jugendlichen Nachfahren.

Pictures of the opening of the epiphany carol singing event in 1997: the young and faithful gather at the Shrine of the Three Magi.

Images de la fête de l'Épiphanie en 1997. Les jeunes croyants se réunissent auprès de la châsse des trois Rois mages pour prier.

their heads, oblivious to the fact that they were in a church! The cathedral courtyard was covered with grass, cat droppings and weeds at least a foot high, and right down the middle ran a gutter that didn't smell exactly like Eau de Cologne. There's no more pitiful sight than this: The dilapidated cathedral with St. Margaret's Church, which completely covers the choir – and, right behind the church, the cathedral cemetery."

Even when construction finally resumed in 1842 for its final phase – after a standstill of nearly 300 years – the impious scene inside did not change. In his story "The year 48" William Koch relates from personal experience what he observed during Late Mass on Sunday: "Then Schmitz the Taylor walked proudly to the eleven o'clock Mass at the cathedral. The whole church was jam-packed with people, all the way from the choir – where two altars were set against a large wall between the choir and the nave – to the back, by the last columns and the boarded-up enclosure around the bells. Everyone wore their best Sunday clothes and their finest hats. The young girls proudly twirled their skirts and even the old ladies were all dressed up. According to the locals 'The eleven o'clock Mass in the cathedral is both a marketplace and a living fashion journal,' and unfortunately there is more preening and showing off going on here than there is praying. They get here barely in time for first gospel, gather around the columns – that's why they are nicknamed the 'pillar saints' – and gawk at anyone passing by, look around, chatter, make a half-curtsy when the bell rings, and before the last gospel they run out again as though they had hot coals down their back."

Schon immer nutzten Gaukler, Pflastermaler und sonstige Straßenkünstler die Nähe der Kathedrale und der Pilger aus aller Welt zu Selbstdarstellung und Gelderwerb: eine menschliche Skulptur aus Gold.
Rechts oben: ein Feuerwerfer.
Rechts unten: Gläubige vor der sogenannten Schmuckmadonna im nördlichen Querhaus.

Jugglers, pavement artists and other performers have always used the proximity of the cathedral and pilgrims from all over the world as a venue and audience for self-presentation and a source of income: a human sculpture in gold;
top right: a fire-eater;
bottom right: believers in front of the so-called "Ornamental Madonna" in the northern transept.

Saltimbanques, peintres de rue et autres artistes ont été de tous temps attirés par la cathédrale et les pèlerins venus de partout dans le monde, devant lesquels ils exercent leur art, et qui les rétribuent en retour. Une sculpture humaine en or ;
en haut à droite, un cracheur de feu ;
en bas à droite, des croyants devant la Vierge dans le transept septentrional.

Au 15e siècle, les restes de la cathédrale carolingienne consacrée en 870 subsistaient encore entre le choeur gothique et la tour méridionale, qui atteignait alors 56 m de hauteur. La partie occidentale avait été reconstruite en vitesse après l'incendie de 1248, afin de permettre à nouveau la tenue des offices, ce qui fut rendu possible dès le milieu de l'année 1251. Depuis 1270 environ, les différentes parties de l'édifice, le choeur et les chapelles latérales formaient une unité liturgique. Les progrès de la construction éliminèrent peu à peu les restes de la basilique carolingienne.

Les offices célébrés dans ce qui était alors le lieu de culte le plus vénéré de l'archevêché suscitèrent toutefois souvent la critique. Le Conseil se plaignait déjà en 1419 auprès de l'archevêque « que la messe n'était célébrée dans aucun Chapitre de manière aussi désordonnée que dans la cathédrale ». Sans parler des tentatives des conseillers de trouver des solutions à ce problème, notamment en sommant les citoyens à plusieurs reprises de s'abstenir de bavarder et de se promener à l'intérieur des murs de la cathédrale, allant jusqu'à menacer de punition les contrevenants.

L'auteur Wilhelm Koch décrit de la façon suivante l'aspect intérieur et extérieur de la cathédrale au 18e siècle : « Quel air de désolation ! On ne voyait plus devant la cathédrale que les trois-quarts de la tour, flanquée de ses échafaudages. Les maisons, les églises et les chaumières étaient construites tout autour. Entre les colonnes se trouvaient des stands où l'on vendaient des couronnes de roses et des signets des Rois mages ainsi que de vieilles échoppes, qui rimaient comme hallebarde et miséricorde avec la cathédrale. Et combien triste était celle-ci ! Sa pierre était vieille et abîmée, et des crevasses poussaient de petits buissons, des fleurs et même des arbustes. Les marchandes se promenaient autour de la cathédrale avec leurs paniers sur la tête, sans avoir le moins du monde à l'esprit que la cathédrale est une église ! Le parvis était encombré d'herbages, de crottes de chat et de mauvaises herbes, et un large caniveau coulait en son milieu, qui était loin de sentir l'eau de Cologne ! Il n'est rien de plus pitoyable que cette image : les ruines de la cathédrale et l'église Ste-Marguerite, qui recouvre tout le choeur, avec au loin, le cimetière de la cathédrale. » Koch raconte ainsi à sa façon ce que le professeur Ernest Weyden (1805-1869) allait décrire avec précision dans ses mémoires, parues en 1862, « Cologne-sur-le-Rhin, il y a cinquante ans ».

Même lorsqu'on entreprit d'achever la cathédrale, en 1842 – après environ 300 ans d'interruption – cette image d'impiété prévalait encore à l'intérieur de la cathédrale. Wilhelm Koch relate ainsi la tenue des offices dominicaux en 1848 : « Le tailleur Schmitz allait fièrement à la cathé-

drale pour la messe de onze heures, où tous se rendaient en courant. La cathédrale débordait de gens, allant du choeur où étaient situés deux autels à côté d'un grand mur entre le choeur et la nef, jusqu'à l'arrière, près des dernières colonnes et des cloisons qui entouraient les cloches. Tous étaient en habits du dimanche et portaient leurs plus beaux chapeaux. Les jeunes filles faisaient fièrement ondoyer leurs jupes et même les vieilles dames avaient mis leurs plus beaux atours. « La messe de onze heures à la cathédrale est un vrai marché et un feuilleton de mode vivant ! » racontent les gens de Cologne, et Dieu sait qu'on y trouve plus de parades que de prières... La foule arrive tout juste pour le premier Évangile, s'installe autour des colonnes – c'est pourquoi on les appelle aussi les « Saints-des-colonnes » – examine ceux qui arrivent, regarde à droite et à gauche, bavarde, fait une demi révérence lorsque sonne la cloche, et, avant même le dernier Évangile, accoure au dehors comme si elle avait le feu au derrière. » Ce qui paraît plutôt drôle, si l'on compare cette description avec le présent...

Empfang der Erstkommunion, Sternsinger und „Kehraus" nach der Fronleichnamsmesse.

Receiving the first Communion: epiphany carol singers and the finale after the Corpus Christi service.

Première communion, Épiphanie et « dernière fête » après la procession de la Fête-Dieu.

„…das vortrefflichste Gebäu im deutschen Reich“

Ansichten und Meinungen zu Stillstand und Weiterbau

Views and opinions of the stoppage and resumption of the cathedral's construction

Idées et opinions à propos des travaux interrompus et des reconstructions.

Seit 1560 ruhten bekanntlich die Arbeiten am gotischen Dom. Wie kein anderes Bauwerk bewegte aber gerade dieser unfertige Dom seit dem 17. Jahrhundert die Gemüter zahlreicher Besucher aus Deutschland und ganz Europa.

„Der Dom ist dem heiligen Petrus geweiht und ein fein ersonnenes Bauwerk. Es ist ein Jammer, daß er nicht vollendet wurde und kaum zur Hälfte fertig ist. Er würde zweifelsohne erhaben schön sein, wenn er in allen Teilen seiner äußeren Gestaltung so wohl gediehen wäre wie das östliche Ende mit seinen schlanken Strebpfeilern und Fenstern und seiner reichen Verzierung himmelanstrebender Fialen. Unter den vielen vortrefflichen Monumenten, die diese Kirche enthält, befindet sich eines, dessen Ruhm in ganz Europa unerreicht ist und dessen Ruf bis an die fernsten Grenzen der christliche Welt gedrungen ist. Wer ist ein Mann von Bildung und Wissen, der nicht in seinem Leben von den Drei Königen von Köln gehört hätte!"

Thomas Coryate, englischer Reisender, 1608.

„Insonderheit sei der Ertzbischöflichen Kirchen oder Dom zu St. Peter gedacht. Es werden hierin die Cörper der H. drey König, wie man insgemein nennet oder der Weisen aus dem Morgenland, in einer rings herum mit starckem Eisen vergitterten Capelln, mit vielen stattlichen Pokaln, gewiesen, die der Ertzbischof Reinholdus von Dasselt aus Meyland hierher geführet hat. Ist Anno 1248 zu bauen angefangen, aber bis daher nicht ausgebauet worden, sonsten solche, wegen Weitläuffigkeit und Grösse alle in Teutschland übertreffen würde, und könnte solch Kirch unter die Wunderwerck in Europa gezaehlet werden."

Martin Zeiller in Merians „Topographie Europas", 1642.

„Weit wird das Herz, stolz und freuddig, wenn es die Cöllenischen Kathedrale gewahr wird; es ist dem Apostel Petro gewidmet, und ohne Frag das vortrefflichste Gebäu im deutschen Reiche, ja möglicherweise auf ganzem löblichen Erdengrundt, doch leider bei Weittem nicht so ausgebauet, als derjenige, der sie aufzurichten hat angefangen, sondern ohne Zweifel im Sinne gehabt."

Johann Arnold Reinbold, kurpfälzischer Privatsekretär, 1705.

„Am nächsten Abend kamen wir gegen 5 Uhr nach Köln, in die häßlichste und schmutzigste Stadt, die ich je mit eigenen Augen sah. Wir gingen zum Dom, der nur ein Ruinenhaufen ist, ein riesiges mißgestaltetes Ding, dem weder Symmetrie noch Anmut zukommt. Ich war etwas überrascht zu beobachten, daß weder in dieser noch in den anderen Kirchen, in denen ich gewesen bin, irgend etwas wie ein gemeinsamer Gottesdienst zu finden war, sondern der eine betet an dem einen Schreine oder Altar, ohne daß sich der eine um den anderen kümmert."

John Wesley, englischer Theologe, 1738.

„Der Anblick des Innern von Dom ist selbst in seiner jetzigen Verwüstung noch groß und ehrwürdig. Das, was ihm wahre Größe gibt, diese kühne Architektur, hat man nicht zerstören können. Mit Inschriften beschmiert und beschmutzt sind die Wände, soweit die Arme reichen; alles umher liegt wüst untereinander, aber mein Blick wendet sich unwillkürlich empor, wo die schlanken Säulenäste sich in spitzige Bogen vereinigen, und unaufhaltsam ins Unermeßliche verlängern zu wollen scheinen. Wer kann in diesen erhabenen Hallen weilen, ohne zu ahnden, wohin des Künstlers Phantasie flog, der sie wölbte?"

Albert Klebe, Königlich Bayerischer Hofrat, 1800.

„Wenigstens der wunderbare Chor, eines der größten Meisterwerke neuerer Kunst, ist dank der Vorsehung vollendet worden. Pfeiler von der leichtesten und elegantesten Form steigen hinan zu unglaublicher Höhe und werfen sich den Ästen von Waldbäumen gleich in das luftige Dach, das ihrer Stütze kaum zu benötigen scheint. Der unvollendete Zustand des übrigen Baues verleiht durch den Gegensatz erhöhten Glanz dem vollendeten Chor. Ein nicht vollendeter Bau spricht das Gemüt mehr an als eine Ruine; ein jäh aufgegebener Plan ist ein an früher, hoffnungsvoller Jugend verübter Mord."

Henry Barry, englischer Landpfarrer, 1822.

Idyllischer Blick auf das sonnenüberflutete Strebewerk des südlichen Langhauses.

Idyllic riew of the sun-drenched buttress of the southern nave.

Vue idyllique sur le contrefort de la nef méridionale inondé de soleil.

Inzwischen hatte allerdings der berühmte Publizist Joseph Görres im November 1814, in Tagen höchster nationaler Begeisterung, die der Sturz Napoleons in Deutschland auslöste, einen vielbeachteten Artikel im „Rheinischen Merkur" veröffentlicht; darin bezeichnete er den unvollendeten Dom als „Vermächtnis", als einen „ewigen Vorwurf, eine Schande und Erniedrigung" und rief zu seinem Weiterbau auf – die Kölner Kathedrale sei berufen, das deutsche Nationaldenkmal zu sein. Zu jener Zeit war gerade, wie durch ein Wunder, eine Hälfte des großen mittelalterlichen Fassadenplans, der um das Jahr 1300 angefertigt worden war, in einem Gasthaus in Darmstadt wiederaufgetaucht; ein Jahr später konnte der Kölner Sammler Sulpiz Boisserée die andere Hälfte in einem Pariser Antiquariat erwerben. Boisserée brachte dann seit 1821 sein grundlegendes, in mehreren Lieferungen erschienenes Werk „Ansichten, Risse und einzelne Theile des Doms von Köln" heraus; 1823 wurde die Dombauhütte wieder eingerichtet, um erste Sicherungsmaßnahmen am Bauwerk vorzunehmen, zu deren Finanzierung der preußische Staat bis 1841 jährlich 10.000 Taler bereitstellte. Seit 1833 wirkte der schlesische Architekt Ernst Friedrich Zwirner als Dombaumeister, der – vornehmlich auf der Grundlage des mittelalterlichen Fassadenplans – Entwürfe und Pläne zum weiteren Ausbau vorlegte. Nach der Thronbesteigung des preußischen Königs Friedrich Wilhelm IV., eines begeisterten Anhängers der Domvollendung, wurde 1841 der „Zentral-Dombau-Verein" gegründet. Am 4. September 1842 legte der Monarch höchstpersönlich den Grundstein zum Weiterbau; es dauerte dann „nur" noch 38 Jahre, bis das Werk vollbracht war – was der heutige Dombaumeister Arnold Wolff einmal mit den nüchternen Worten beschrieb: „Als am 15. Oktober 1880 der letzte Stein auf die Kreuzblume des Südturms gesetzt wurde, konnten die Kölner in Anwesenheit von Kaiser Wilhelm I. nach 632 Jahren die Vollendung ihres Domes feiern."

Work on the Gothic cathedral, as mentioned, had been at a standstill since 1560. Yet, since the seventeenth century, this unfinished cathedral stirred the souls of many visitors from Germany and from all over Europe like no other building.

"The cathedral is dedicated to St. Peter and a finely conceived edifice. It's a pity that it has not been completed and is barely half finished. It would no doubt be magnificent in its beauty, if all parts of its external design were as exquisite as the east end, with its slender buttresses and windows, and its rich ornamentation of pinnacles reaching toward heaven. Among the many superb monuments this church contains, there is one whose fame is unequaled in all of Europe and reaches to the utmost boundaries of Christianity. Which educated and knowledgeable man has not, at some time in his life, heard of the Three Magi of Cologne!"

Thomas Coryate, English traveler, 1608

"Your heart swells with pride and joy when you behold Cologne Cathedral. It's dedicated to the Apostle Peter and is without question the most excellent building in the German realm, if not in the whole world, but unfortunately not nearly as complete as he who began to build it had no doubt intended."

John Arnold Reinbold,
private secretary from the Electoral Palatinate, 1705

"Around five o'clock, we arrived in Cologne, the ugliest and dirtiest city I had ever laid eyes on. We visited the cathedral, which is nothing more than a pile of ruins, a huge misshapen thing, which can claim neither symmetry nor grace. I was rather surprised to observe that neither in this nor in the other churches I visited there was anything like a communal religious service. Instead, everyone prayed separately at some shrine or altar, and no one paid heed to anyone else."

John Wesley, English theologian, 1738

"Even in its present state of devastation, the interior appearance of the cathedral is imposing and venerable. What gives it true grandeur – this bold architecture – no one has been able to destroy. The walls are dirty and tainted with inscriptions as far as the arms can reach. Everything is wildly littered about. But my gaze is instinctively drawn upward to where slender branches of pillars join together in pointed arches, as though reaching inexorably toward infinity. Who can dwell in these awe-inspiring halls without sensing how the artist's fantasy must have soared when he created these vaults."

Albert Klebe, Royal Bavarian Court Counselor, 1800

"Thanks to Providence, at least the magnificent choir, one of the greatest artistic masterpieces since antiquity, has been completed. Pillars of the most slender and elegant form rise to an incredible height and, resembling branches of trees in the forest, they soar upward into the roof, which seems to float without needing their support. The contrast of the unfinished state of the remaining structure lends all the more splendor to the completed choir. An unfinished edifice affects the soul more deeply than does a ruin: A suddenly abandoned plan is like the murder of a young and hopeful life. "

Henry Barry, English country parson, 1822

By then, Napoleon had been defeated. And during the period of ensuing national enthusiasm, in November 1814, the renowned publicist Joseph Görres wrote a widely circulated article in the "Rheinische Merkur". He defined the incomplete cathedral as a legacy, "an eternal reproach, a disgrace and humiliation." And he called for its completion as a German national monument. At that time, almost miraculously, one half of the huge medieval architectural drawing of the facade – created around 1300 – had resurfaced in a Darmstadt inn. And a year later, the Cologne collector Sulpiz Boisserée acquired the other half at a Paris antiquarian bookshop. In 1821, Boisserée published his definitive work, "Views, architectural drawings and individual details of Cologne Cathedral" in several installments. In 1823, the construction shop was reestablished to undertake initial shoring work of the structure, financed to the tune of more than 10,000 thalers each year by the Prussian government until 1841. Starting in 1833, the Silesian architect Ernest Frederick Zwirner held the office of master cathedral builder and presented preliminary drawings and plans for the continued construction, based mainly on the medieval drawing of the facade. After the coronation of the Prussian King Frederick William IV, an enthusiastic advocate of the completion of the cathedral, the Central Cathedral Building Society was founded in 1841. On September 4, 1842, the monarch himself laid the cornerstone for the continued construction. It took "only" another 38 years until the work was completed, as described in the sober words of today's Master Cathedral Builder Arnold Wolff: "On October 15, 1880, when the last stone was fitted on the finial of the south tower, the people of Cologne were joined by the Emperor William I in celebrating the completion of their cathedral after 632 years."

Blick in den gotischen Chor mit seinen Glasmalereien aus dem 13. Jahrhundert.

View inside the Gothic choir, showing stained glass art-work dating back to the 13th century.

Vue sur le choeur gothique, orné de vitraux datant du 13e siècle.

Zu Füßen der Kathedrale: die Kölner Altstadt – im Hintergrund die Kirche Groß St. Martin (Blick nach Süden).

A stroll to the cathedral: the old quarter of Cologne, with the church of Groß St. Martin in the background (view to the south).

Au pied de la cathédrale : la vieille ville de Cologne. En arrière-plan, l'église St-Martin-la-Grande (vue vers le sud).

Les chantiers de la cathédrale étaient interrompus depuis 1560. La cathédrale de Cologne préoccupait les esprits depuis le 17e siècle comme aucun autre bâtiment inachevé ne l'avait fait, et ce non seulement en Allemagne, mais aussi dans toute l'Europe.

« La cathédrale est dédiée au culte de St-Pierre. C'est un ouvrage architectural d'une grande finesse d'invention et l'on doit déplorer qu'il soit encore inachevé et qu'on n'en ai construit que la moitié seulement. Ce serait sans doute merveilleux que sa forme extérieure soit en toute ses parties épanouies comme l'est déjà la partie orientale, avec ses minces contreforts et ses vitraux, de même que le riche ornement de son clocheton pointé vers le ciel. Parmi tous les monuments sublimes que contient cette église, il s'en trouve un dont la réputation n'a pas d'équivalent dans toute l'Europe, et qui s'étend même aux frontières les plus lointaines de la Chrétienté. Quel est l'homme cultivé qui n'a pas entendu parler de son vivant de la Châsse des trois Rois Mages de Cologne ! »

Thomas Coryate, voyageur anglais, 1608

« Comme le coeur est fier et joyeux lorsqu'il aperçoit la cathédrale de Cologne ! Dédiée à l'apôtre St-Pierre, elle est sans conteste le plus bel ouvrage architectural de l'empire allemand, voire de la terre entière. Malheureusement, sa construction demeure encore trop insuffisamment avancée par rapport à ce qu'avait prévu et entrepris celui qui l'a conçu. »

Jean Arnold Reinbold, secrétaire privé à la Cour du Palatinat, 1705

« Le soir d'après, nous arrivâmes vers 5 heures à Cologne, la ville la plus laide et la plus malpropre qu'il ait été donné à mes yeux de voir. Nous allâmes à la cathédrale, qui n'est qu'un tas de ruines, une énorme chose informe totalement dépourvue de symétrie et de grâce. J'étais étonné de constater que ni dans cette cathédrale, ni dans les autres églises que j'ai visitées, on ne puisse trouver d'office commun. Chacun prie pour soi, l'un auprès d'une Châsse, l'autre à un autel, sans que quiconque ne se soucie d'autrui. »

John Wesley, théologien anglais, 1738

« L'image que l'on a de l'intérieur de la cathédrale demeure grandiose et honorable, malgré son état avancé de dévastation. Son architecture audacieuse, dont elle tire toute sa grandeur, n'a toutefois pas pu être détruite. Ses murs sont couverts d'inscriptions et de saletés, aussi haut que les bras puissent aller, et tout est éparpillé sens dessus dessous. Mais mon regard est irrésistiblement attiré à l'endroit où les fines colonnes se rejoignent en des arcs pointus

Trotz moderner Hochhäuser bleibt der Kölner Dom das Wahrzeichen der Stadt. An klaren Tagen nimmt man ihn auch aus der Ferne wahr – selbst von den Höhen des Siebengebirges aus.

Cologne Cathedral has always been the city's hallmark, and still is today, despite modern high-rise buildings. The cathedral can be seen from far away on a clear day - even from the Siebengebirge hills.

Malgré les édifices modernes qui l'entourent, la cathédrale de Cologne demeure l'emblème dominant de la ville. Par beau temps, on peut la voir de très loin – même des hauteurs des Siebengebirge.

et semblent vouloir poursuivre leur course à l'infini. Qui peut s'arrêter dans ce vestibule sublime sans songer à l'envol de l'imagination de l'artiste qui les conçut ? »

Albert Klebe, conseil à la cour royale de Bavière, 1800

« Le choeur merveilleux, un des plus grands chefs-d'oeuvre de l'art nouveau est, grâce à la Providence, enfin achevé. Les piliers sont d'une finesse et d'une élégance remarquables, semblables aux branches d'un arbre, et s'élancent à une hauteur vertigineuse vers un plafond aérien, que rien ne semble devoir supporter. L'état inachevé du reste de l'édifice confère, par contraste, davantage d'éclat au choeur déjà entier. Un édifice inachevé inspire plus les esprits qu'une ruine. Un plan brusquement interrompu est comme une mort précoce, qui atteint au coeur une jeunesse pleine d'espoir. »

Henry Barry, pasteur anglais, 1822

En novembre 1814, en ces jours de grand enthousiasme national dû à la défaite de Napoléon en Allemagne, le célèbre homme de lettres Joseph Goerres publie un article dans le « Rheinischer Merkur ». Il y parle du « reproche éternel, de la honte et de l'humiliation » que représente l'« héritage » de la cathédrale, réclamant sa reconstruction comme monument national allemand. Or, c'est justement à cette époque que l'on retrouva dans un hôtel de Darmstadt, comme par miracle, la moitié des plans de la façade médiévale, achevés vers l'an 1300. Un an plus tard, le collectionneur Sulpice Boisserée trouva la seconde moitié chez une antiquaire parisien. Boisserée publia par la suite en 1821 son fameux ouvrage, plusieurs fois réédité, « Illustrations, gravures et aspects de la cathédrale de Cologne ». Les échafaudages furent réinstallés en 1823. Les premiers travaux en furent de consolidation, financés en majeure partie par l'État prusse jusqu'en 1841, qui avança 10 000 thalers par année. L'architecte silésien Ernest Frédéric Zwirner fut engagé en 1833 pour diriger les travaux et compléter les esquisses et les plans à partir de ceux de la façade médiévale. Un an après l'accession au trône du roi prusse Frédéric-Guillaume IV en 1840, qui était un enthousiasme défenseur du projet de reconstruction de la cathédrale, les citoyens de Cologne fondèrent l'association du « Zentral-Dombau ». Le 4 septembre 1842, le monarque en personne posa la première pierre de la reconstruction. Il fallut encore « seulement » 38 ans pour terminer l'édifice. Comme le décrit sobrement l'actuel architecte de la cathédrale, Arnold Wolff :
« Alors que la dernière pierre venait d'être posée sur le fleuron de la tour méridionale, le 15 octobre 1880, et après 632 ans d'attente, les citoyens de Cologne purent enfin fêter l'achèvement de leur cathédrale en présence de l'empereur Guillaume Ier. »

Ausgewählte Literatur

List of references / Bibliographie

Boisserée, Sulpiz: **Ansichten, Risse und einzelne Teile des Domes von Köln.** Stuttgart 1821-1832, neu hrg. von Arnold Wolff, Köln 1979.

Clemen, Paul: **Der Dom zu Köln.** 2. Aufl. Düsseldorf 1938 (Die Kunstdenkmäler der Rheinprovinz, Bd. VI/3).

Das Buch Weinsberg. Aus dem Leben eines Kölner Ratsherrn, hrg. von Johann Jakob Häßlin, 4. Aufl. Köln 1990.

Das Kölner Domjubiläumsbuch 1980. Festschrift der Hohen Domkirche, hrg. von Arnold Wolff und Toni Diederich, Köln 1980.

Der erste Kölner Stadtführer aus dem Jahre 1828, bearb. von Uwe Westfehling, Köln 1982.

Der Kölner Dom. Festschrift zur 700-Jahr-Feier 1248-1948, hrg. vom Zentral-Dombauverein, Köln 1948.

Der Kölner Dom im Jahrhundert seiner Vollendung. Ausstellungskatalog und Essayband, Köln 1980.

Die Cronica van der hilliger stat van Coellen bis 1499. Die Koelhoffsche Chronik, Faksimile Köln 1972.

Dietmar, Carl: **Die Chronik Kölns.** 2. Aufl. Dortmund 1992.

Dietmar, Carl/Werner Jung: **Kleine Illustrierte Geschichte der Stadt Köln.** Köln 1996.

Doppelfeld, Otto/Willy Weyres: **Die Ausgrabungen im Dom zu Köln.** Mainz 1980 (Kölner Forschungen, Bd. 1).

Hasak, Maximilian: **Der Dom des hl. Petrus zu Köln am Rhein.** Berlin 1911.

Janssen, Wilhelm: **Das Erzbistum Köln im späten Mittelalter (1191-1515).** 1. Teil, Köln 1995 (Die Geschichte des Erzbistums Köln, Bd. II,1).

Klersch, Joseph: **Volkstum und Volksleben in Köln.** Bd. 3, Köln 1968.

Köln. Die Stadt und ihre Bürger, hrg. von Johann Jakob Häßlin, 3. Aufl. Köln 1996.

Köln in alten und neuen Reisebeschreibungen, hrg. von Eka Donner, Düsseldorf 1990.

Legner, Anton: **Reliquien in Kunst und Kultur.** Darmstadt 1995.

Oediger, Friedrich Wilhelm: **Das Bistum Köln von den Anfängen bis zum Ende des 12. Jahrhunderts.** 3. Aufl. Köln 1991 (Geschichte des Erzbistums Köln, Bd. I).

Quellen zur Geschichte Kölns in römischer und fränkischer Zeit, bearb. von Otto Doppelfeld, Köln 1958 (Ausgewählte Quellen zur Kölner Stadtgeschichte, Bd. 1).

Religion – Kunst – Vaterland. Der Kölner Dom im 19. Jahrhundert, hrg. von Otto Dann, Köln 1980.

Schmitz, Franz: **Der Dom zu Köln.** 2. Aufl. Frankfurt 1910.

Schulten, Walter: **Der Kölner Domschatz.** Köln 1980.

Seidler, Martin: **Domglocken,** in: **Der Kölner Dom im Jahrhundert seiner Vollendung,** Ausstellungskatalog, S. 24ff.

Signon, Helmut: **Wie war zu Köln es doch vordem...** Frankfurt 1972.

Stankowski, Martin: **Köln – der andere Stadtführer.** 6. Aufl. Köln 1995.

Tümmers, Horst-Johannes: **Die schönsten Sagen und Legenden aus Köln.** Essen 1984.

Weyden, Ernst: **Köln am Rhein vor fünfzig Jahren.** Köln 1862 (Neudruck: Köln 1976).

Weyres, Willy: **Die vorgotischen Bischofskirchen in Köln.** Köln 1987 (Studien zum Kölner Dom, Bd. 1).

Wolff, Arnold: **Dombau in Köln.** Photographien dokumentieren die Vollendung einer Kathedrale. Stuttgart 1980.

Wolff, Arnold: **Der Kölner Dom.** 2. Aufl. Köln 1995.

Wolff, Gerta: **Das Römisch-Germanische Köln.** 4. Aufl. Köln 1993.